Kasky Bisimwa

Podem os telemóveis melhorar a integração dos refugiados?

Kasky Bisimwa

Podem os telemóveis melhorar a integração dos refugiados?

Uma perspetiva sul-africana

ScienciaScripts

Imprint

Any brand names and product names mentioned in this book are subject to trademark, brand or patent protection and are trademarks or registered trademarks of their respective holders. The use of brand names, product names, common names, trade names, product descriptions etc. even without a particular marking in this work is in no way to be construed to mean that such names may be regarded as unrestricted in respect of trademark and brand protection legislation and could thus be used by anyone.

Cover image: www.ingimage.com

This book is a translation from the original published under ISBN 978-3-659-84646-5.

Publisher:
Sciencia Scripts
is a trademark of
Dodo Books Indian Ocean Ltd. and OmniScriptum S.R.L publishing group

120 High Road, East Finchley, London, N2 9ED, United Kingdom
Str. Armeneasca 28/1, office 1, Chisinau MD-2012, Republic of Moldova, Europe
Printed at: see last page
ISBN: 978-620-8-30159-0

Índice

RESUMO

O objetivo deste estudo é investigar o papel dos telemóveis na melhoria da integração dos refugiados na África do Sul. Foram realizadas entrevistas semi-estruturadas a 29 refugiados na África do Sul, que abrangeram uma série de critérios de seleção. As populações de refugiados na África do Sul são um grupo heterogéneo que vem de diferentes países e fala diferentes línguas, com diferenças culturais, de idade, de género e de estatuto familiar. Esta amostra foi selecionada de modo a ter em conta esta heterogeneidade. Como não havia nenhum instrumento disponível, foi desenvolvido e testado um.

A análise dos dados recorreu à Análise Temática e agrupou os temas de acordo com os conceitos representados num modelo que mostra as interações entre o capital social e a integração social e a utilização do telemóvel.

O estudo concluiu que os telemóveis desempenham um papel importante no desenvolvimento, manutenção e utilização do capital social, no impacto do capital social na integração social e diretamente na integração social. Os telemóveis, tanto através das redes sociais de capital social como diretamente, contribuem para uma série de resultados esperados da participação social e económica, mas menos dos resultados esperados da participação política. É neste último aspeto, a participação política, que as acções das autoridades e das agências, juntamente com a discriminação, reduzem a influência dos telemóveis. É demonstrado que a integração dos refugiados é um processo que exige ajustamento e participação mútuos. No entanto, é evidente que o telemóvel pode desempenhar um papel importante neste processo.

A integração é um processo subjetivo e os inquiridos apresentaram o seu ponto de vista. Esta pode não ser a experiência geral dos refugiados na África do Sul. Por conseguinte, as conclusões deste estudo oferecem margem para mais investigação.

No entanto, este estudo conseguiu lançar luz sobre o papel desempenhado pelos telemóveis na melhoria da integração dos refugiados na comunidade em geral.

Palavras-chave: Refugiados na África do Sul, Telemóvel, Capital social, Integração social

CAPÍTULO 1. INTRODUÇÃO

A integração dos refugiados num país tem o potencial de resolver as dificuldades daqueles que viveram no exílio durante longos períodos (Fielden, 2008). Ao mesmo tempo, a integração resulta num fluxo significativo de recursos e numa importante contribuição para a construção do Estado no país de acolhimento (Karen, 2002). Para as pessoas que trabalham com refugiados, a integração é e continua a ser uma política importante, bem como um resultado específico (Frattini, 2006; Scottish Executive, 2006).

A integração dos refugiados tornou-se uma questão muito debatida entre investigadores, profissionais e decisores políticos. Parece haver pouco consenso relativamente às estratégias e políticas de integração dos refugiados, que são desenvolvidas de diferentes formas em diferentes países (Korac, 2003).

Foi sugerido que as tecnologias da informação e da comunicação (TIC) têm potencial para promover a integração dos refugiados (Cachia et al., 2007; Zinnbauer, 2007), permitindo o acesso a fontes de informação e, por conseguinte, aos mercados (Dutta & Mia, 2008). No entanto, argumenta-se que nos países em desenvolvimento a adoção das TIC é dificultada por factores como os custos elevados, a falta de mobilidade, a eletricidade limitada e as competências inadequadas (Chigona & Mbhele, 2008; Sinha, 2005). Os telemóveis oferecem uma solução para estes desafios, uma vez que "estão a tornar-se rapidamente uma ferramenta económica, pertinente e acessível a muitas comunidades pobres" (Sinha, 2005, p. 1).

Os telemóveis são capazes de criar e reforçar o capital social através de uma melhor rede de contactos (Bacishoga, Hooper, & Johnston, 2015; Kennan et al., 2008; Scott, Batchelor, Ridley & Jorgensen, 2004; Sinha, 2005). O capital social é definido como "a extensão, a natureza e a qualidade dos laços sociais que os indivíduos ou as comunidades podem mobilizar na condução dos seus assuntos" (Zinnbauer, 2007, p. 16). Por sua vez, o capital social tem um impacto na integração social dos refugiados (Cachia et al., 2007; Zinnbauer, 2007). A integração social é o "máximo envolvimento e participação de cada membro da sociedade nas atividades sociais" (Nações Unidas, 2008, p. 2).Assim, o telemóvel tem um forte potencial de influência positiva na integração dos refugiados (Johnston & Bacishoga, 2013).

O objetivo deste estudo é investigar o papel dos telemóveis no reforço da integração dos refugiados na África do Sul. Para atingir este objetivo, esta investigação tem os seguintes objectivos

• Explorar os padrões de utilização de telemóveis entre os refugiados na África do Sul

• Explorar a forma como a utilização do telemóvel pode afetar o capital social entre os refugiados na África do Sul.

• Explorar a forma como a formação de capital social pode melhorar ou restringir a integração social dos refugiados na África do Sul.

• Examinar o impacto dos telemóveis na formação do capital social dos refugiados e a forma como isso pode melhorar ou restringir a sua integração social na África do Sul.

• Investigar se a utilização de telemóveis tem um impacto nos refugiados em termos de participação social, económica e política.

Este estudo centra-se nos refugiados na África do Sul, um país da África Austral considerado o centro da região (Landau & Bourgouin, 2007; Grandes, Peter & Pinnaud, 2003); um país em que o mercado dos telemóveis registou uma rápida expansão com uma taxa de penetração estimada em cerca de 100% (Cellular News, 2009). A África do Sul é considerada um dos maiores receptores de refugiados do mundo (UNHCR, 2007). No entanto, na África do Sul continuam a manifestar-se práticas e atitudes discriminatórias contra os refugiados, a quem são negados direitos a serviços sociais essenciais (Landau, 2006) e que são uniformemente vítimas de práticas violentas; as mais perturbadoras foram os ataques xenófobos de 2008.

Como há confusão entre os termos refugiados e requerentes de asilo na África do Sul (Palmary, 2002), o termo 'refugiado' será usado para se referir àqueles a quem foi formalmente concedido o estatuto de refugiado, bem como àqueles que procuram refúgio na África do Sul. Este estudo centra-se nos "refugiados" dos países indicados no Anexo B.

Utilizando um quadro teórico de capital social, este estudo irá explorar o potencial dos telemóveis para melhorar a integração dos refugiados. Os resultados servirão para informar os vários intervenientes sobre o sucesso e as limitações dos telemóveis como ferramenta para melhorar a integração dos refugiados na comunidade de acolhimento (África do Sul). Este estudo é crucial, uma vez que as circunstâncias estão a aumentar o número de refugiados e é provável que a África do Sul atraia cada vez mais refugiados (Palmary, 2002). Ao mesmo tempo, os refugiados são diariamente objeto de discriminação, com consequências destrutivas tanto para os nacionais como para os não nacionais na África do Sul (Landau, 2008).

CAPÍTULO 2. REVISÃO DA LITERATURA

O objetivo desta revisão da literatura é fornecer uma visão geral dos conhecimentos existentes nesta área (Knopf, 2006). Esta análise da literatura está dividida em quatro secções principais, nomeadamente a situação dos refugiados na África do Sul (2.1), a utilização de telemóveis na África do Sul (2.2), o capital social (2.3) e a integração social (2.4). De seguida, a revisão identificará as lacunas na literatura e delineará os contributos esperados deste estudo (2.5).

2.1. Estatuto dos refugiados na África do Sul

Durante a era do apartheid, a África do Sul era o gerador de refugiados; os sul-africanos atravessavam a fronteira em busca de exílio e refúgio noutros lugares, particularmente noutros países africanos (Cejas, 2007). A era pós-apartheid, no entanto, está a atrair um número cada vez maior de migrantes e requerentes de asilo de todo o continente e não só (Cejas, 2007; Landau, 2006).

O Alto Comissariado das Nações Unidas para os Refugiados (ACNUR) afirma que a África do Sul foi o principal destino de novos requerentes de asilo em todo o mundo em 2009 e evoluiu rapidamente para um dos maiores receptores de requerentes de asilo no mundo (ACNUR, 2009). Esta tendência será cada vez mais acentuada (Grandes et al., 2003; Landau, 2007), uma vez que a maioria dos países africanos está a viver conflitos etno-religiosos e instabilidade sociopolítica e económica (Okpala & Jonsson, 2002). Outro fator que contribui para esta situação é a grande disparidade de nível de vida e de desenvolvimento económico entre a África do Sul e esses países (Adepoju, 2005; Naude, 2008).

Ninguém pode fornecer números exactos do número de refugiados que vivem atualmente na África do Sul (UNHCR, 2007). O número cumulativo aproximado de requerentes de asilo e refugiados legalmente reconhecidos para os anos 2001-2005 é mostrado no apêndice A, e o número cumulativo de pedidos de asilo dos principais países africanos até dezembro de 2005 é mostrado no apêndice B.

Após as suas primeiras eleições democráticas em 1994, a África do Sul, em conformidade com os seus compromissos constitucionais em matéria de direitos humanos e dignidade, aderiu e ratificou vários tratados relativos à migração forçada e à proteção de refugiados

(Handmaker, 2001). Neste contexto, a África do Sul aderiu à Convenção da Organização da Unidade Africana (OUA) de 1969, que rege aspectos específicos dos problemas dos refugiados em África, e ratificou a Convenção sobre os Refugiados de 1951 e o seu Protocolo de 1967 relativo aos direitos dos refugiados (Palmary, 2002). Em 1998, foi aprovada a Lei 130 relativa aos Refugiados, que rege a admissão de requerentes de asilo e que entrou em vigor dois anos mais tarde, em 2000 (Palmary, 2002). A Constituição sul-africana de 1996 (Bill of Rights) garantiu direitos fundamentais a todos os residentes no país, incluindo os refugiados e os requerentes de asilo (Crush, 2000; Landau, 2006).

É importante notar que a legislação sul-africana não prevê campos de refugiados e que os refugiados são encorajados a dispersar-se pelas zonas urbanas (Landau, 2006). Muitos deles, com competências e vontade de trabalhar, continuam a ver-se excluídos dos mercados formais e informais, bem como dos serviços financeiros (Landau & Kabwe-Segatti, 2009). Embora os documentos emitidos aos refugiados lhes confiram direitos de emprego, a legitimidade desses documentos continua a não ser reconhecida pela maioria dos empregadores (Landau & Kabwe-Segatti, 2009). Além disso, os refugiados enfrentam múltiplos obstáculos no acesso aos serviços sociais na África do Sul, embora tenham direito a eles por lei. No que respeita aos serviços educativos, verificou-se que "cerca de um terço dos filhos de refugiados em idade escolar não está matriculado nas escolas" (Landau & Kabwe-Segatti, 2009, p. 41), enquanto nos serviços de saúde os refugiados têm dificuldade em aceder aos serviços de emergência e aos serviços básicos de saúde devido à falta de vontade ou à incapacidade de alguns membros do pessoal (Belvedere, 2003). Embora os senhorios e as agências de arrendamento hesitem em celebrar contratos com refugiados devido a dúvidas quanto à legitimidade dos seus documentos, 70% dos refugiados urbanos vivem em apartamentos privados arrendados no centro da cidade, uma vez que não estão incluídos nos programas sul-africanos de habitação subsidiada para grupos de baixos rendimentos (Landau & Kabwe-Segatti, 2009).

Apesar desta exclusão, os refugiados têm sido transformados em "bodes expiatórios de todo o tipo de males sociais, sujeitos a assédio e abusos por parte de vários elementos da sociedade sul-africana" (Landau, 2006, p. 316). Apesar de os refugiados não receberem qualquer tipo de assistência institucional ou apoio financeiro do governo sul-africano (Cejas, 2007), são considerados uma ameaça aos direitos económicos e sociais dos sul-africanos (Crush, 2000), responsabilizados pelo desemprego interno, pelo aumento da criminalidade e até pela propagação do VIH/SIDA por alguns (Adepoju, 2003; Dube, 2000).

Os refugiados são tratados como estranhos pelos partidos políticos e pelos meios de comunicação social, excluídos pela sociedade em geral, marginalizados e privados da sua dignidade, apesar das garantias da lei sul-africana e dos compromissos constitucionais (Cejas, 2007; CoRMSA, 2008; Landau, 2008). As conclusões do estudo de Crush (2008) sobre as realidades da xenofobia na África do Sul confirmam que o número de sul-africanos que desejavam uma proibição total da imigração tinha aumentado de 16% em 1995 para 25% em 1997 e 1999 e 35% em 2006. Este sentimento anti-imigrante generalizado atravessa praticamente todos os grupos socioeconómicos e demográficos (Nyamnjoh, 2006). Exprime-se através de violência verbal e manifesta-se através da negação de direitos humanos básicos e de maus tratos físicos (Cejas, 2007). Esta situação levou a ataques xenófobos contra refugiados em maio de 2008 (Landau, 2008; ACNUR, 2008). A violência xenófoba que se propagou a todo o país provocou a morte de mais de 60 pessoas e a deslocação de cerca de 46 000 outras (OIM, 2009; ACNUR, 2009). Este ataque em grande escala marcou o último desenvolvimento de uma longa série de incidentes violentos que vitimaram refugiados na África do Sul (Crush, 2008).

A política de refugiados sul-africana "não reflecte quase nenhuma obrigação do Estado de prestar assistência especializada aos refugiados, apesar da sua intenção de proteger o bem-estar e a dignidade dos que procuram refúgio nas suas fronteiras. Pelo contrário, as suas obrigações explícitas limitam-se a processos burocráticos destinados a facilitar o acesso e a integração" (Landau, 2006. p. 315). É evidente que tem havido uma falta de vontade política para efetuar reformas institucionais ou legislativas que protejam os direitos dos refugiados e dos requerentes de asilo (CoRMSA, 2008). Consequentemente, os direitos de muitos refugiados a serviços sociais essenciais estão a ser negados (Landau, 2006).

Recentemente, porém, as questões dos refugiados começaram a preocupar o governo sul-africano, as comunidades religiosas, bem como as organizações não governamentais (ONG) locais e internacionais. Em agosto de 2006, o ACNUR lançou um seminário com o objetivo principal de abordar os obstáculos à integração dos refugiados (ACNUR, 2009). O problema atraiu uma série de académicos, jornalistas e activistas (Matsinhe, 2009). Esta investigação faz parte desta tendência e procura encontrar soluções para a situação difícil dos refugiados. Os telemóveis apontam para uma solução e, por isso, esta análise continua com uma discussão sobre a utilização dos telemóveis na África do Sul e como ferramenta social.

2.2. Utilização de telemóveis

Originalmente concebidos para permitir a comunicação e o acesso à informação a qualquer hora e em qualquer lugar (Schmidt et al., 2006), os telemóveis têm sido cada vez mais equipados com diferentes aplicações. Esta evolução da tecnologia permitiu a utilização de telemóveis para gestão de negócios, ligação social e fins políticos (Banjo, Hu & Sundar, 2008; Kaasinen, 2005). Os telemóveis surgiram como ferramentas sociais para coordenar planos e manter relações, e também como recursos para informação política, abertura e discussão (Campbell & Kwak, 2009). Os telemóveis tornaram-se uma ferramenta omnipresente e um companheiro diário para muitas pessoas, graças a uma série de factores facilitadores, como uma infraestrutura fácil de implantar e a diminuição dos custos dos aparelhos e da sua utilização (Dutta & Mia, 2008; Schmidt et al., 2006).

2.2.1. Utilização de telemóveis na África do Sul

Tal como no resto de África, a introdução e o crescimento dos serviços móveis têm tido um sucesso espetacular na África do Sul. A África do Sul tem um mercado de telemóveis vibrante que se espera que aumente substancialmente (Cellular News, 2009). É evidente que na África do Sul existem tantas assinaturas activas como habitantes (Statistics South Africa, 2008), como mostra a figura 1 (Cellular News, 2009). Os telemóveis tornaram-se um recurso omnipresente devido, em particular, ao baixo custo dos telemóveis e à imensa popularidade dos telefones pré-pagos introduzidos no final da década de 1990 (Research ICT Africa [RIA], 2009).

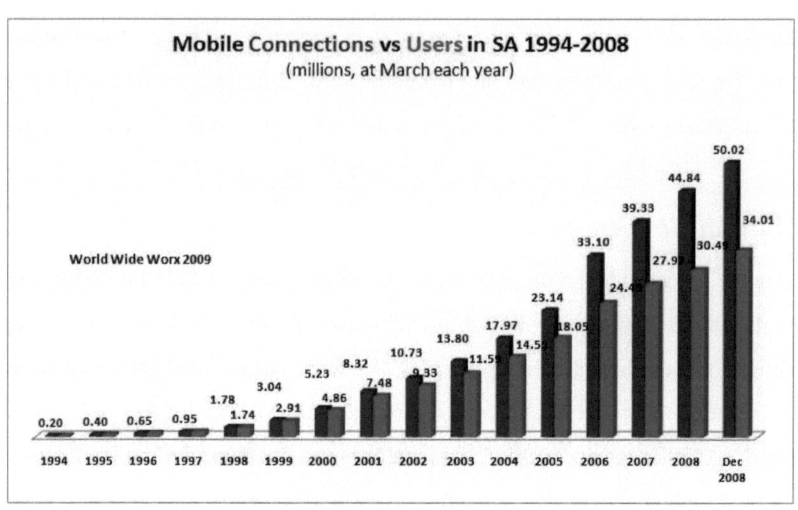

Figura 1: Ligações móveis vs. Utilizadores na África do Sul 1994-2008 (World Wide Worx 2009).

Na África do Sul, onde os telemóveis se tornaram a forma mais acessível e conveniente de oferecer serviços aos clientes (Cellular News, 2009; Johnston & Bacishoga, 2013), é crucial compreender a utilização e as tendências dos telemóveis. Para além de criarem novas fontes de rendimento e emprego, os telemóveis proporcionam ligações vitais entre as populações de refugiados e as suas famílias e constituem uma ferramenta que lhes permite tornarem-se auto-sustentáveis (Bacishoga at al., 2015; Diminescu, Renault & Gangloff, 2009).

Os assinantes de telemóveis podem aceder à rede móvel através de uma base contratual ou de um serviço pré-pago (normalmente referido como Pay-as-you-go) (Chigona, Kankwenda & Manjoo, 2008). O serviço pré-pago é uma alternativa útil à assinatura de um contrato em que o assinante tem de ter um bom historial de crédito e um rendimento regular para se qualificar (Chigona et al., 2008; Hamilton, 2003). Em 1st de julho de 2009, foi implementada a secção de registo de clientes da Lei de Regulação da Interceção de Comunicações e Fornecimento de Informações Relacionadas com as Comunicações (RICA). Como resultado, os operadores de comunicações móveis são obrigados a registar a identidade e os dados residenciais dos novos utilizadores, bem como dos assinantes existentes (Business Day, 2009). A intenção da RICA é ajudar as agências de aplicação da lei a localizar os criminosos que utilizam telemóveis para actividades ilegais. Os refugiados na África do Sul podem comprar telemóveis através de um plano de chamadas pré-pago, embora seja difícil possuir telemóveis através de um contrato devido à falta de documentos formais, particularmente a documentação emitida pelo Departamento de Assuntos Internos, que não tem o número de identidade de treze dígitos necessário.

O serviço pré-pago é o sistema preferido pelos segmentos de clientes-alvo, tais como: clientes com baixo crédito, viajantes transitórios, adolescentes e jovens adultos, utilizadores ocasionais que evitam contratos, certos grupos étnicos e imigrantes (Katz, Riddleberger, Sarma & Yang, 2002). Entre as razões para a preferência pelos pacotes de tempo de antena pré-pagos contam-se factores como a mobilidade, a facilidade de acesso (Hodge, 2005) e o baixo rendimento (Chigona Valley, Beukes & Tanner, 2009).

2.2.2. Factores que afectam a adoção e utilização de telemóveis

A adoço e a utilização de telemóveis são influenciadas por uma série de factores. Estes factores têm sido investigados a partir de diferentes perspectivas, incluindo o modelo de difusão da inovação de Rogers, o modelo de domesticação e o modelo de aceitação da tecnologia (TAM) (De Silva & Ratnadiwakara, 2009; van Biljon & Kotze, 2008). Van Biljon e Kotze (2008) baseiam-se nestas perspectivas para produzir um modelo de adoção e utilização de telemóveis que incorpora influências sociais como a cultura. No seu estudo, encontraram provas do impacto das influências sociais, como a pressão social de outros indivíduos e grupos, e as necessidades motivacionais, como o nervosismo e o entusiasmo. Outros factores relevantes no seu modelo incluem factores socioeconómicos, como o estatuto profissional, a ocupação e o rendimento, condições facilitadoras como o custo, a segurança e a conetividade, e a utilidade percebida (a medida em que os utilizadores acreditam que a utilização do telemóvel lhes trará benefícios) (Van Biljon & Kotze, 2008). Estas influências são relevantes para explicar a adoção e utilização de telemóveis pelos refugiados.

2.2.3. O impacto social dos telemóveis

A telefonia móvel está a tornar-se significativamente integrada na forma como as pessoas vivem as suas vidas (Mathew, Sarker & Varshney, 2004). A utilização do telemóvel tem muitos impactos nos utilizadores; estes vão desde impactos económicos a sociais (Ling, 2008). Os telemóveis constituem um importante canal de comunicação que facilita as ligações sociais (Humphreys, 2007). O principal impacto social da utilização dos telemóveis é a melhoria das ligações sociais ou dos laços de rede (melhoria da relação entre os utilizadores, quer estejam localizados perto ou a alguma distância) (Campbell & Russo, 2003; Ling, 2008). Assim, os telemóveis têm o potencial de criar capital social através de uma melhor rede de contactos com amigos e familiares (Scott et al., 2004).

Sinha (2005) argumenta que a utilização de telemóveis pelos indivíduos lhes permite reforçar as suas redes sociais e culturais, criar oportunidades económicas e tornar-se politicamente mais conscientes. O telemóvel é um facilitador inestimável do empreendedorismo que, para além de gerar receitas, pode produzir benefícios como a procura de emprego e a poupança de tempo (Bhavnani, Chiu, Janakiram & Silarszky, 2008). A utilização do telemóvel introduziu uma série de novas possibilidades de desenvolvimento económico, de ativismo político e de criação de redes e comunicação pessoais (Kreutzer, 2009). Assim, os telemóveis são cada vez mais considerados como uma ferramenta extremamente potente, uma solução para o desenvolvimento social e económico nos países em desenvolvimento (Aoki & Downes, 2003; Heeks & Jagun, 2007; Waverman, Meschi & Fuss, 2005).

A tecnologia móvel emergiu como a tecnologia de comunicação com o crescimento mais rápido de sempre, particularmente nos países em desenvolvimento (Castells, Linchuan-Qiu, Fernandez-Ardevol,& Sey, 2007; Hamilton, 2003). Este aumento tem implicações importantes para os países africanos, não só para o país como um todo, mas também para os indivíduos em termos de serviços e como meio de manter o capital social e a gestão dos seus assuntos económicos (Scott et al., 2004).

2.3. Capital social

O capital social é mais frequentemente utilizado para designar a natureza e o impacto das redes sociais (Nieminen et al., 2008). Esta natureza e impacto derivam dos papéis e laços sociais que ligam os indivíduos através da confiança e das normas de parentesco, amizade ou conhecidos próximos, como pais, cônjuges, amigos íntimos ou vizinhos (Steinbach, 1992). As redes sociais proporcionam uma estrutura social e influenciam a interação entre as pessoas, facilitam a organização das actividades e apoiam a realização de objectivos colectivos e individuais (Halpern, 2001).

Bourdieu e Wacquant (1992, p. 14) definem o capital social como "a soma dos recursos, actuais ou virtuais, que um indivíduo ou um grupo obtém em virtude da posse de uma rede duradoura de relações mais ou menos institucionalizadas de conhecimento e reconhecimento mútuos". Zinnbauer (2007) sugere que "o capital social refere-se à extensão, natureza e qualidade dos laços sociais que os indivíduos ou as comunidades podem mobilizar na condução dos seus assuntos" (p. 16). Coleman (1988), no entanto, define simplesmente o capital social como os recursos acumulados através das relações entre indivíduos.

Para efeitos do presente estudo, foram extraídas as seguintes definições do que precede: O capital social refere-se à natureza, extensão e qualidade de uma rede social de indivíduos que, através de laços sociais, podem fornecer *recursos, estrutura social* e *apoio* para facilitar a condução dos seus assuntos. Os laços sociais implicam *a confiança e as normas* de parentesco, amizade, conhecimento mútuo e reconhecimento. O capital social pode ainda ser descrito em três tipos (figura 1).

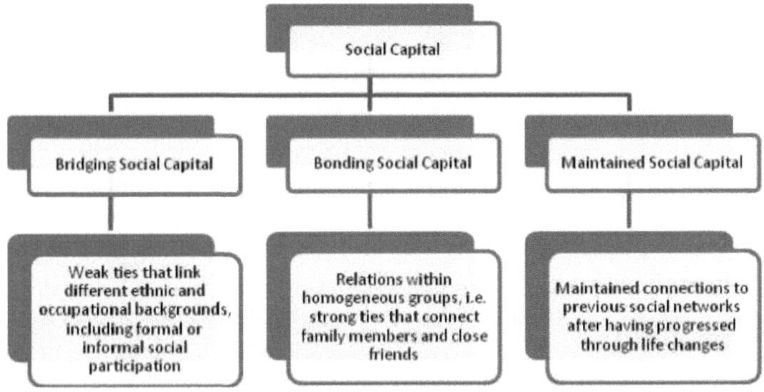

Figura 2: Capital Social (adaptado de Johnston, Tanner, Lalla &, Kawalsky, 2010).

Todos os três tipos da figura 2 estão claramente presentes nas redes sociais dos refugiados. O capital social de ligação descreve as redes que fornecem *recursos, estrutura social* e *apoio* a partir de novas relações formadas na África do Sul. O capital social de ligação descreve as redes que fornecem *recursos, estrutura social* e *apoio a* partir de laços com membros da família e amigos próximos na África do Sul. O capital social de manutenção descreve as redes que fornecem *recursos, estrutura social* e *apoio* de familiares e amigos que permanecem no país de origem do refugiado.

2.3.1. Capital social de ligação

O capital social de ligação refere-se aos "laços fracos", que são ligações frouxas entre indivíduos provenientes de diferentes contextos culturais, étnicos e profissionais (Islam et al., 2006; Putnam, 2000; Zinnbauer, 2007). O termo "bridging" refere-se à criação de laços entre indivíduos que não se conheciam anteriormente (Daniel, Schwier & McCalla, 2003). Estas redes ligam os membros a uma sociedade mais alargada, permitindo o acesso a pessoas de fora do grupo.

As redes sociais de ligação são, portanto, heterogéneas e apoiam interações sociais formais e informais (Islam et al., 2006). Esta é uma forma importante de capital social, uma vez que incentiva a integração e a participação na sociedade (Islam et al., 2006). Um benefício particular é a capacidade de chegar a outros para afetar a mudança social de uma forma menos formal (Islam et al., 2006).

As redes de ligação proporcionam benefícios como o acesso a informações úteis e não redundantes, novas perspectivas, ligações profissionais e comunicação com outras pessoas de diferentes grupos sociais (Ellison, Stemfield & Lampe, 2007). Estas redes proporcionam algum apoio emocional, mas este pode ser limitado (Atfield, Brahmhatt & O'Toole, 2007; Ellison et al., 2007).

O capital social de ligação caracteriza-se pela troca de informações e não de conhecimentos, costumes ou normas. Os indivíduos das redes de ligação gostam de partilhar informações e de se manterem actualizados sobre questões externas (Daniel et al., 2003; Putnam, 2000).

2.3.2. Capital social de ligação

O capital social de ligação refere-se a laços estreitos e fortes que ligam membros da família e amigos próximos (Islam et al. 2006; Sabatini, 2005; Zinnbauer, 2007). Estas redes ocorrem frequentemente entre populações homogéneas com relações emocionalmente próximas (Helliwell & Putnam, 2004). As relações de vinculação podem assim proporcionar apoio emocional e gerar ajuda mútua (Islam et al., 2006). Por este facto, os membros destas redes têm frequentemente uma elevada estima e estão satisfeitos com a vida (Ellison et al., 2007).

Tal como o termo implica, a rede de ligação demonstrará uma forte coesão interna e partilhará conhecimentos de forma fluida (Daniel et al., 2003). Estas redes são o principal meio de transmissão de normas comportamentais e podem excluir indivíduos de diferentes origens que tenham normas diferentes (Daniel et al., 2003; Islam et al., 2006). Com uma forte coesão e normas partilhadas, a rede experimentará solidariedade e um sentimento de segurança (Daniel et al., 2003).

2.3.3. *Manutenção do capital social*

O capital social mantido é cuidado e alimentado por pessoas que mantêm ligações a redes sociais anteriores depois de terem passado por mudanças de vida (Ellison et al. 2007; Oswald e Clark, 2003; Phulari et al., 2010). Estas mudanças de vida podem ocorrer quando as pessoas se afastam de uma rede social por diferentes razões, como mudanças de emprego, início de estudos ou emigração. As mudanças mais significativas nas redes sociais ocorrem quando as pessoas se mudam para novos locais geográficos e perdem as suas ligações anteriores.

As pessoas consideram frequentemente valiosas as suas ligações anteriores, uma vez que podem ter dificuldades em criar novos laços (Ellison et al., 2007). Esta é uma forma de capital social que tende a depender fortemente das TIC, como as mensagens instantâneas (sms), o correio eletrónico e os grupos em linha como o Facebook (Ellison et al., 2007). Um dos principais objectivos desta forma de rede é o apoio emocional (Ellison et al., 2007). No entanto, devido à utilização da comunicação eletrónica e, muitas vezes, à distância geográfica, é provável que o grau de apoio emocional recebido nestas redes seja limitado.

2.3.4. *A relação entre capital social e integração social*

O capital social pode ter um impacto na integração social de diferentes formas. Este trabalho considera que o capital social é um recurso social (que fornece apoio social, ajuda, reciprocidade, confiança, informação, etc.) e que a integração social é o produto. Este ponto de vista é apoiado tanto por Sinha (2005) como por Spencer (2003), que defendem que o capital social é um fator importante para alcançar a integração social. O capital social é geralmente considerado como um efeito positivo criado pelas interações das pessoas numa rede social (Helliwell & Putnam, 2004). Está sobretudo ligado a resultados sociais positivos, como mercados financeiros eficientes, taxas de criminalidade mais baixas e melhor saúde pública (Adler & Kwon, 2002). O capital social pode resultar num aumento da capacidade de mobilização de acções colectivas e do empenho da comunidade (Ellison et al., 2007).

No entanto, as redes sociais também podem ser utilizadas para fins negativos e excluir outras pessoas de um grupo (Sinha, 2005), tendo assim uma influência negativa no bem-estar dos indivíduos e das comunidades, como o desemprego e a criminalidade (Daniel et al., 2003). O capital social pode diminuir e resultar num aumento da desordem social numa comunidade, numa participação potencialmente baixa em actividades cívicas e na falta de confiança entre os membros da comunidade (Ellison et al., 2007). O capital social de ligação é caracterizado por laços fortes que geram recursos para ajudar o grupo a "sobreviver" (Atfield et al., 2007), mas também pode produzir isolamento social para o grupo (Comissão para a Integração e Coesão, 2007; Putnam, 2007).

2.4. *Integração social*

O conceito de integração social é complexo e contestado, sendo-lhe frequentemente atribuídos significados muito diferentes (Ager & Strang, 2004; Atfield et al., 2007). A integração social tem geralmente por objetivo promover sociedades seguras, estáveis, tolerantes, justas, onde a diversidade é respeitada e onde todas as pessoas participam com igualdade de oportunidades (Stanley, 2005). As Nações Unidas (2009) descrevem a integração social como um processo dinâmico que permite "a todas as pessoas participar na vida social, económica, cultural e política com base na igualdade de direitos e na dignidade" (p. 3). É importante notar que descrevem a integração social como um processo. Acrescentam que o processo deve incluir todos os grupos e pessoas desfavorecidos e vulneráveis (Nações Unidas, 2009). É esta definição que será aplicada no presente estudo.

A integração social tem várias dimensões, cuja escolha se baseia no contexto de estudo (Ager & Strang, 2004; Cruz-Saco, 2008; Kaladjahi, 1997). Fielden (2008) sugere três dimensões para a integração local, nomeadamente as dimensões jurídica, social e cultural e económica. Cruz-Saco (2008) sublinha que os objectivos da integração social são a criação de capacidades económicas, sociais e políticas, resultados altamente desejáveis que reflectem a existência de coesão social. Este estudo, de acordo com Fielden (2008) e a definição das Nações Unidas acima referida, centra-se na integração social, com especial atenção para a participação económica, social e cultural e política como áreas distintas de integração em relação a comunidades específicas de refugiados.

Uma sociedade onde há falta de integração social pode ser caracterizada como apresentando as condições de fragmentação, exclusão e polarização. Estas condições podem resultar em abuso e conflito, negligência e opressão e hostilidade e relações sociais combativas (Nações Unidas, 2007). À medida que a integração social ocorre, a sociedade apresenta as caraterísticas de coesão, colaboração e coexistência (Nações Unidas, 2007). Estas três caraterísticas podem ser aplicadas nos domínios psicocultural, socioeconómico e sociopolítico, respetivamente (Nações Unidas, 2007). Estes três domínios, psico-cultural, sócio-económico e sócio-político, reflectem as três formas de participação que se apresentam a seguir.

2.4.1. *Participação social e cultural*

Os principais resultados da participação social e cultural são o sentimento de segurança face às ameaças de outras pessoas, a tolerância, o acolhimento e a simpatia, o sentido de identidade e de pertença, o sentimento de participação ativa na comunidade e a existência de amigos (Ager & Strang, 2004; Atfield et al., 2007).

As intervenções neste 'domínio psico-cultural' incluem a escuta ativa e o diálogo participativo (Nações Unidas, 2007). A coesão pode ser uma caraterística importante desta forma de participação e é produzida ao proporcionar a oportunidade e o espaço seguro para revelar significados e valores partilhados e descobrir a acomodação e compreensão mútuas (Nações Unidas, 2007). Tanto a criação de laços como a manutenção de redes sociais podem dificultar o progresso destas intervenções (Atfield et al., 2007).

Numa perspetiva prática, a redução das desigualdades sociais "significaria garantir o equilíbrio no acesso dos grupos aos serviços de saúde, água e saneamento, habitação segura e saudável e subsídios ao consumo. De particular importância é o acesso ao conhecimento (inscrição na escola, qualidade das instituições educativas, tecnologias da informação e da comunicação)" (Nações Unidas, 2007, p. 24). A importância da igualdade de acesso aos serviços foi também sublinhada por Ager & Strang (2004).

Outros resultados da participação social e cultural que são realçados pelos refugiados são a capacidade de falar a língua do país e a adaptação a uma cultura diferente (Ager & Strang, 2004). As comunidades de refugiados sublinham uma perspetiva multicultural, na medida em que se sentem no direito de manter aspectos da sua própria cultura, mas compreendem a necessidade de sensibilização e reconhecimento da cultura de acolhimento (Ager & Strang, 2004).

2.4.2. Participação económica

Esta dimensão inclui muitos aspectos do domínio funcional de Atfield et al. (2007). Os resultados da participação económica incluem a igualdade de oportunidades para encontrar emprego e trabalhar como empresários, desenvolver oportunidades de negócio e participar no bem-estar económico da comunidade (Atfield et al., 2007; Nações Unidas, 2007). Outros resultados incluem o facto de o grupo de refugiados ter igual acesso a benefícios e salários iguais (Nações Unidas, 2007). Esta dimensão é importante para a integração social, pois permite que os refugiados alcancem a autossuficiência (Atfield et al., 2007). Um resultado negativo desta dimensão é a subutilização das capacidades e competências dos refugiados se estes forem socialmente excluídos (Nações Unidas, 2007).

As intervenções neste "domínio socioeconómico" incluem o diálogo entre as partes interessadas, como reuniões comunitárias e grupos de discussão (Nações Unidas, 2007). Tanto as redes de ligação como as redes de contacto podem prestar assistência a estas intervenções. As redes de ligação fornecem recursos materiais em resposta a necessidades imediatas e ajudam os refugiados a "sobreviver", enquanto as redes de ligação ajudam os refugiados a "progredir" (Atfield et al., 2007).

2.4.3. Participação política

Esta dimensão inclui muitos aspectos dos domínios legais e estatutários de Atfield et al. (2007). Os resultados da participação política incluem a obtenção de um estatuto legal ou de cidadania, o direito a benefícios como a segurança social, a educação ou os serviços de saúde ou simplesmente a negociação do sistema jurídico ou do mercado de trabalho (Atfield et al., 2007). Outros resultados são a assunção de papéis activos e complementares em organismos governamentais e outros que podem desenvolver o apoio necessário (Atfield et al., 2007; Nações Unidas, 2007).

As intervenções neste "domínio sociopolítico" incluem a criação de espaços seguros que permitam aos refugiados exprimir diversos pontos de vista e procurar o consenso através do diálogo cívico ou democrático (Nações Unidas, 2007). A intenção seria permitir que todos os principais grupos participem em estruturas políticas e grupos de interesse (Nações Unidas, 2007).

2.4.4. *Vantagens e desvantagens da integração social*

Aparentemente, o investimento na integração social apresenta uma série de benefícios tanto para os refugiados como para as comunidades de acolhimento (Fielden, 2008; Karen, 2002; Nações Unidas, 2009). A integração social tem um impacto positivo em toda a comunidade e a participação ativa em papéis sociais ajuda os indivíduos a desenvolver um sentido de compromisso com a comunidade envolvente, a autoestima e até o bem-estar físico (Cohen, Brissette, Skoner & Doyle, 2000; Ware et al., 2008). Os refugiados integrados contribuem social e economicamente para os seus países de acolhimento, importando novas competências, expandindo mercados, rejuvenescendo comunidades e criando ligações transnacionais (Campbell & Russo, 2006).

Inversamente, a falta de investimento na integração social pode conduzir à instabilidade política, a conflitos sociais e a outros riscos, como a subutilização de competências e capacidades, o aumento das despesas públicas devido à falta de solidariedade nas redes privadas e a fracas oportunidades de imagem internacional (Nações Unidas, 2008; Nações Unidas, 2009).

Uma sociedade integrada pode trazer os benefícios de ser mais resistente aos desafios e mais suscetível de se desenvolver de forma equitativa e pacífica (Cruz-Saco, 2008; Nações Unidas, 2007), uma vez que a diversidade é considerada uma chave para uma sociedade saudável, uma base para capacidades e competências que são cruciais para o desenvolvimento individual e social (Nações Unidas, 2007).

2.5. *Lacuna na literatura e contribuição do estudo*

Tem havido uma série de estudos centrados nos determinantes da adoção e utilização de telemóveis e nas inter-relações das tecnologias móveis com os utilizadores. Outros centraram-se na forma como a utilização de telemóveis interage com o processo de desenvolvimento económico (Donner, 2008). Tem havido apelos a mais investigação sobre a utilização de telemóveis nos países em desenvolvimento, onde existem necessidades sociais e económicas (Chigona et al., 2009; Donner, 2008).

Foram realizados estudos sobre o papel que a Internet móvel pode desempenhar no alívio da exclusão social num país em desenvolvimento (Chigona &Mbhele, 2008; Chigona et al., 2009), o papel dos telemóveis na redução sustentável da pobreza (Bhavnani et al., 2008) e o papel dos telemóveis no capital social (Goodman, 2003). Goodman (2003) também relata uma investigação realizada já em 1933 sobre o impacto dos telefones fixos no reforço dos laços sociais.

No entanto, não foram encontrados estudos que investiguem a relação entre os refugiados, a utilização de telemóveis, o capital social e a integração social. Este estudo tem como objetivo investigar essa relação. Por conseguinte, este estudo dará dois contributos. Em primeiro lugar, a contribuição será para o campo da tecnologia da informação, uma vez que neste campo pouco tem sido feito utilizando uma abordagem de capital social para determinar o impacto da tecnologia (telemóveis) na integração social. Em segundo lugar, haverá uma contribuição para a prática, uma vez que os resultados servirão para informar vários intervenientes sobre o sucesso e as limitações dos telemóveis como ferramenta para melhorar a integração dos refugiados numa comunidade de acolhimento. Estas contribuições respondem ao apelo das Nações Unidas no sentido de encorajar os distribuidores de tecnologias de informação e comunicação a contribuírem para a promoção da integração social, particularmente para os grupos desfavorecidos e marginalizados (Nações Unidas, 2007, p. 123).

CAPÍTULO 3. ENQUADRAMENTO TEÓRICO E INVESTIGAÇÃO QUESTÕES

Este estudo irá aplicar um quadro teórico de capital social para analisar se a utilização de telemóveis tem impacto na integração social dos refugiados na África do Sul. A escolha de utilizar um quadro teórico de capital social é inspirada pela revisão da literatura, uma vez que este estudo procura investigar se existe uma ligação entre os utilizadores (refugiados), os telemóveis, o capital social e a integração social. O quadro teórico para este estudo é, portanto, esquematizado na figura 3 da seguinte forma:

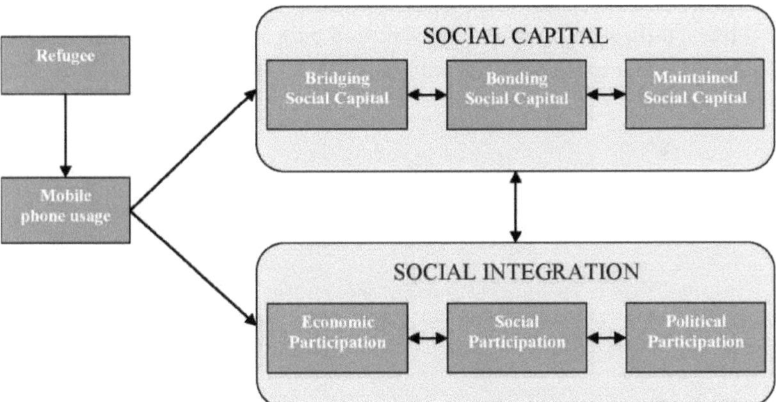

Figura 3: Investigação da relação entre refugiados, utilização de telemóveis, capital social e integração social

Com base neste quadro teórico, este estudo tentará responder à seguinte questão principal de investigação:

- Que papel desempenha a utilização de telemóveis na melhoria da integração dos refugiados na África do Sul?

Para investigar plenamente esta questão principal de investigação, ela foi dividida nas seguintes questões secundárias de investigação, que orientarão o processo de entrevista:

1. Quais são os padrões de utilização de telemóveis entre os refugiados?

2. Como é que a utilização do telemóvel afecta o capital social?

2.1. Como é que a utilização do telemóvel afecta o capital social de ligação?

2.2. Como é que a utilização do telemóvel afecta o capital social de ligação?

2.3. Como é que a utilização do telemóvel afecta o capital social mantido?

3. Como é que a utilização do telemóvel afecta a integração social?

3.1. Como é que a utilização do telemóvel contribui para melhorar a participação económica dos refugiados?

3.2. Como é que a utilização do telemóvel contribui para melhorar a participação social dos refugiados?

3.3. Como é que a utilização do telemóvel contribui para melhorar a participação política dos refugiados

4. Como é que a utilização do telemóvel contribui para a compreensão da relação entre o capital social e a integração social dos refugiados?

CAPÍTULO 4. ABORDAGEM DA INVESTIGAÇÃO

O objetivo desta secção é discutir a perspetiva epistemológica desta investigação e a metodologia de investigação adoptada para responder às questões acima referidas. Em seguida, a secção descreve e justifica as técnicas de recolha e análise de dados, o instrumento de inquérito e a população da amostra.

4.1. Perspetiva da investigação

Toda a investigação é orientada por uma epistemologia, que é um pressuposto sobre o conhecimento e a forma como este pode ser obtido (Myers, 2009). As três perspectivas epistemológicas para a investigação qualitativa no domínio da investigação em sistemas de informação (SI) são a positivista, a interpretativa e a crítica (Howcroft & Trauth, 2004; Orlikowski e Baroudi, 1991).

1. A investigação positivista parte do princípio de que a realidade é objetiva e pode ser descrita por propriedades mensuráveis que não estão ligadas ao investigador (Myers, 2009). Este tipo de investigação baseia-se na suposta existência de relações fixas entre os fenómenos (Orlikowski & Baroudi, 1991). Por conseguinte, este tipo de investigação baseia-se em "provas de proposições formais, variáveis quantificáveis e mensuráveis, testes de hipóteses e inferências sobre um fenómeno a partir da amostra de uma população determinada" (Orlikowski e Baroudi, 1991, p.5).

2. A investigação crítica tem como objetivo questionar o status quo das situações. O investigador assume que "a realidade social é historicamente constituída e que é produzida e reproduzida pelas pessoas" (Myers, 2009, p. 42). Assim, a principal tarefa é avaliar criticamente e mudar a realidade social que está a ser investigada (Orlikowski & Baroudi, 1991). Por outras palavras, o investigador crítico quer saber "o que está errado no mundo e não o que está certo" (Walsham, 2005, p. 112).

3. A investigação interpretativa parte do princípio de que a realidade social é socialmente construída pelas pessoas nas suas interações com os outros (Orlikowski & Baroudi, 1991). O conhecimento da realidade é alcançado através de construções sociais, como os significados partilhados e a linguagem (Myers, 2009; Walsham, 2006). Esta perspetiva pressupõe que "à medida que as pessoas interagem com o mundo que as rodeia, criam e associam os seus próprios significados, que são subjectivos e intersubjectivos"

(Orlikowski & Baroudi, 1991, p. 5). Assim, o investigador tenta compreender os fenómenos através do acesso aos significados a partir da perspetiva dos inquiridos (Myers, 2009; Orlikowski & Baroudi, 1991). A investigação interpretativa permite uma melhor compreensão do pensamento e das acções humanas, tanto do ponto de vista social como organizacional (Klein & Myers, 1999).

Este estudo terá uma perspetiva interpretativa, uma vez que a investigação procura compreender o papel dos telemóveis nas interações dos refugiados no contexto social do país de acolhimento. A adoção de uma perspetiva interpretativa será útil para compreender os significados partilhados através das interações nos telemóveis e a forma como esses significados são atribuídos à realidade construída do capital social e da integração social

4.2. Método de investigação

Os métodos quantitativos são utilizados para estudar fenómenos naturais através de instrumentos como experiências laboratoriais, inquéritos e métodos numéricos (Myers, 2009). Embora um dos pontos fortes dos métodos quantitativos seja a capacidade de fazer previsões e de medir coisas (Tewksbury, 2009), o estudo das ciências sociais num ambiente natural envolve diversas variáveis não controladas, cuja medição incorrecta pode resultar em resultados enganadores (Myers & Avison, 2002).

Os métodos qualitativos preocupam-se com o "desenvolvimento de conceitos que ajudam a compreender os fenómenos sociais em contextos naturais, dando ênfase aos significados, experiências e pontos de vista de todos os participantes" (Pope & Mays, 1995, p. 43). Os métodos qualitativos dão mais ênfase à interpretação e analisam a compreensão dos conceitos, o ambiente e o contexto em que a investigação se insere (Tewksbury, 2009). Os métodos qualitativos são, portanto, bem adequados ao objetivo deste estudo.

A investigação qualitativa tem várias estratégias de investigação que incluem: investigação-ação, estudo de caso e etnografia. A investigação etnográfica, atualmente muito utilizada no domínio dos SI, oferece a vantagem de proporcionar uma compreensão aprofundada das pessoas e da sua situação (Genzuk, 2003; Myers, 1999). Tem a vantagem de utilizar uma combinação de várias técnicas de recolha de dados, como a observação participativa, entrevistas, documentos e contacto social informal com os participantes. É um método de investigação em profundidade (Genzuk, 2003; Myers, 1999) que ajuda a melhorar a compreensão do pensamento e da ação humana através da interpretação da ação humana em contexto (Myers, 2009).

Embora a investigação etnográfica tenha a desvantagem de consumir muito tempo, uma vez que leva mais tempo a fazer trabalho de campo, a analisar o material e a redigi-lo (Myers, 1999), é, no entanto, um "método de investigação muito produtivo, tendo em conta a quantidade e a substância provável dos resultados da investigação" (Myers, 1999, p. 6). Por conseguinte, esta investigação utiliza métodos de recolha de dados etnográficos, como a observação e a interpretação. No entanto, esta investigação não será efectuada com a mesma profundidade e intensidade da investigação etnográfica.

4.3. Recolha de dados

Os dados foram recolhidos através de entrevistas e da observação de comportamentos e reacções. Esta técnica de recolha de dados permitiu a descrição e o relato do que foi observado, bem como a compreensão das perspectivas e comportamentos dos inquiridos. O facto de o investigador ser um refugiado significou que houve uma participação direta na experiência. O investigador tentou "ser simultaneamente insider e outsider, mantendo-se à margem do grupo social e intelectualmente" (Genzuk, 2003, p. 3).

O método de recolha de dados primários foi a entrevista semi-estruturada. As entrevistas foram gravadas com o consentimento do inquirido e foram transcritas logo que possível para evitar a perda de pormenores necessários. Foram também tomadas notas de campo para recolher uma variedade de informações de diferentes perspectivas (Genzuk, 2003).

Nenhum dos instrumentos existentes para avaliar a integração social foi considerado adequado. A maioria das medidas existentes foi concebida para ser utilizada em países específicos do mundo desenvolvido e nenhuma dizia respeito à utilização de telemóveis. Por esse motivo, foi desenvolvido um instrumento de investigação para este estudo. Este instrumento (Anexo C) foi testado numa amostra de seis inquiridos na Cidade do Cabo. Com base nas suas respostas e comentários, algumas das perguntas foram modificadas. O questionário final da entrevista foi aprovado pelo comité de ética da UCT.

4.4. Amostra

A amostra foi selecionada através de uma amostragem intencional. A amostragem intencional tenta selecionar os inquiridos que podem fornecer informações ricas sobre questões importantes para o objetivo da investigação (Tuckett, 2005). Esta técnica de amostragem implica escolher estrategicamente os inquiridos para otimizar a gama de informações potenciais sobre as dimensões de interesse (Patton, 1990). A amostra incluía refugiados na África do Sul que abrangiam uma série de critérios de seleção, tais como o seu país de origem, idade, estatuto familiar, experiência de trabalho, tempo de permanência no país e localização na África do Sul.

Determinar uma amostra adequada na investigação qualitativa é uma questão de avaliar a qualidade dos dados recolhidos em função das utilizações que lhes serão dadas, do método de investigação específico e do produto de investigação pretendido (Sandelowski, 1995). Por conseguinte, a composição da amostra foi monitorizada durante o processo de recolha de dados e a informação resultante foi utilizada para selecionar outros inquiridos. Foram feitos esforços para evitar enviesamentos, tentando assegurar que a amostra fosse representativa dos critérios de seleção. Por exemplo, a amostra final tem representantes de todos os países primários enumerados no Anexo B e de três dos países não enumerados.

Os perfis dos inquiridos que foram entrevistados são apresentados na tabela 3 e mostram: país de origem dos inquiridos, sexo, idade, estatuto familiar, experiência de trabalho, duração e localização na África do Sul. Só foram selecionados os refugiados que possuem ou utilizam telemóveis e que estavam dispostos a participar no estudo.

Para garantir o anonimato e a confidencialidade dos inquiridos, tal como lhes foi garantido antes da entrevista, os seus nomes foram alterados. Os inquiridos são apelidados de forma a que as duas primeiras letras do nome atribuído correspondam às duas primeiras letras do país de origem do inquirido (quadro 1).

Não	Nome	País de origem	Género	Idade	Estatuto da família	Experiência profissional	Tempo na África do Sul	Localização em SA
1	Anguma	Angola	Masculino	20-29	Individual	Vendedor de artesanato	5-10	TC
2	Angaza	Angola	Masculino	30-39	Individual	Estudante	1-5	JHB
3	Angela	Angola	Feminino	20-29	Individual	Fogão	1-5	TC
4	Bangrase	Bangladesh	Masculino	30-39	Individual	Vendedor	5-10	DBN
5	Buruma	Burundi	Masculino	20-29	Casado	Mecânico	5-10	DBN
6	Burinyi	Burundi	Feminino	20-29	Individual	Estudante	5-10	TC
7	Conzale	Congo Brazzaville	Masculino	40-49	Casado	Pizza Entregar	5-10	JHB

8	Connelly	Congo Brazzaville	Feminino	20-29	Individual	Empregada de mesa	1-5	TC
9	Zaidi	RDCongo (Zaire)	Masculino	30-39	Individual	Guarda de segurança	1-5	DBN
10	Zaikolo	RDCongo (Zaire)	Masculino	20-29	Casado	Comerciante em nome individual	5-10	DBN
11	Zaikin	RDCongo (Zaire)	Masculino	30-39	Pai	Comerciante em nome individual	5-10	JHB
12	Zaila	RDCongo (Zaire)	Feminino	20-29	Mãe	Cabeleireiro	1-5	TC
13	Zaisha	RDCongo (Zaire)	Feminino	30-39	Mãe	ONG fonder	5-10	TC
14	Etumba	Etiópia	Masculino	50+	Pai	Vendedor	5-10	JHB
15	Ethulia	Etiópia	Feminino	20-29	Individual	Vendedor ambulante	1-5	JHB
16	Nigel	Nigéria	Masculino	30-39	Pai	Empresário	5-10	JHB
17	Pakioni	Paquistão	Masculino	30-39	Pai	Retalhista	5 -10	DBN
18	Rwazi	Ruanda	Masculino	30-39	Individual	Motorista de táxi	5-10	DBN
19	Somkia	Somália	Masculino	30-39	Individual	Proprietário de telefone público internacional	1-5	JHB
20	Somel	Somália	Masculino	40-49	Pai	Retalhista	5-10	JHB
21	Somia	Somália	Feminino	20-29	Individual	Vendedor	1-5	TC
22	Sudarta	Sudão	Masculino	30-39	Individual	Barman	5-10	DBN
23	Tanami	Tanzânia	Feminino	20-29	Mãe	Proprietário de cibercafé	5-10	JHB
24	Tanzam	Tanzânia	Masculino	30-39	Pai	Médico tradicional	5-10	TC
25	Ugama	Uganda	Masculino	30-39	Individual	Empregado de mesa	1-5	DBN
26	Zimbala	Zimbabué	Masculino	40-49	Pai	Trabalhador da construção civil	10+	TC
27	Zimucho	Zimbabué	Masculino	30-39	Individual	Técnico	5-10	JHB
28	Zimbiri	Zimbabué	Feminino	20-29	Individual	Trabalhador ocasional	1-5	TC
29	Zimhare	Zimbabué	Feminino	20-29	Mãe	Trabalhador ocasional	1-5	TC

Quadro 1: Informações sobre os inquiridos

As populações de refugiados na África do Sul são um grupo heterogéneo que provém de diferentes países e fala diferentes línguas, com diferenças em termos de cultura, idade, sexo e estatuto familiar. Esta amostra tem em conta esta heterogeneidade.

Tentou-se equilibrar o número de refugiados do sexo masculino e feminino, mas tal não foi possível; no final, havia 19 homens e 10 mulheres. Isto reflecte o equilíbrio de género dos refugiados na África do Sul. No entanto, há um número suficiente de mulheres para identificar quaisquer questões de género relacionadas com a utilização de telemóveis pelos refugiados.

Vinte e cinco dos inquiridos têm entre 20 e 39 anos de idade. Isto reflecte o perfil da população de refugiados, uma vez que a maioria dos refugiados na África do Sul se encontra neste grupo etário. No entanto, as experiências dos refugiados adolescentes que estão muito habituados à utilização do telemóvel poderiam ter enriquecido o estudo. Por conveniência, a amostra foi selecionada entre os refugiados da Cidade do Cabo, Durban e Joanesburgo. Estas três cidades são os centros onde vive a maioria dos refugiados na África do Sul.

A duração da estadia na África do Sul é importante porque tem impacto na experiência de integração dos inquiridos no país de acolhimento. A integração é vista como um processo (Nações Unidas, 2009) que muda ao longo do tempo à medida que os refugiados se adaptam à sociedade de acolhimento. A Tabela 3 mostra que todos os inquiridos estão na África do Sul há mais de um ano e mais de metade deles há mais de cinco anos.

A experiência de trabalho reflecte a capacidade dos refugiados para aproveitarem as oportunidades de trabalho disponíveis como parte da sua integração. As diferentes categorias de trabalho mostram a eficácia com que os inquiridos utilizaram factores como a educação, a adaptabilidade, as aspirações e as necessidades (Atfield et al. 2007). A relevância e o impacto dos elementos acima referidos são considerados na análise e discussão dos resultados.

4.5. Análise de dados

A análise dos dados começou com a leitura e releitura cuidadosa das transcrições ou notas. Utilizou-se a análise temática, que procura temas ou padrões importantes para a descrição do fenómeno em estudo (Braun & Clarke, 2006; Fereday & Eimear, 2006). As seis fases da análise temática são apresentadas no quadro 2. Este estudo baseou-se nestas seis fases para a análise dos dados. Neste estudo, a codificação foi relacionada com o quadro teórico desenvolvido na revisão da literatura como modelo concetual (Burns, 2000). Os temas foram agrupados de acordo com os conceitos apresentados no modelo: os três tipos de capital social e as três dimensões da integração social e da utilização do telemóvel.

Não	Fase	Descrição do processo
1.	Familiarizar-se com os dados:	Transcrição dos dados (se necessário), leitura e releitura dos dados, anotação das ideias iniciais.
2	Geração de códigos iniciais:	Codificação de caraterísticas interessantes dos dados de uma forma sistemática em todo o conjunto de dados, coligindo os dados relevantes para cada código.
3	Procura de temas:	Agrupamento dos códigos em temas potenciais, reunindo todos os dados relevantes para cada tema potencial.
4	Revisão de temas:	Verificar se os temas funcionam em relação aos extractos codificados (nível 1) e a todo o conjunto de dados (nível 2), gerando um "mapa" temático da análise.
5	Definição e designação de temas:	Análise contínua para aperfeiçoar as especificidades de cada tema e a história global que a análise conta, gerando definições e nomes claros para cada tema.
6	Produção do relatório:	A oportunidade final para a análise. Seleção de exemplos de extractos vívidos e convincentes, análise final dos extractos selecionados, relacionando a análise com a questão de investigação e a literatura, produzindo um relatório académico da análise.

Quadro 2: Fases da análise temática (Braun & Clarke, 2006, p. 87).

4.6. Resumo do método de investigação

Resumo da investigação	
Contexto da investigação	Investigar o impacto dos telemóveis na integração dos refugiados na África do Sul
Perspetiva da investigação	Interpretativa
Método de investigação	Qualitativo
Estratégia de investigação	Baseado em etnografia
Técnicas de recolha de dados	Qualitativo Observação participante Entrevistas semi-estruturadas Documentação e notas de campo
Análise de dados	Qualitativa com base na análise temática
Prazo	Transversal

Quadro 3: Síntese do método de investigação proposto.

4.7. Limitações e dificuldades

Embora uma metodologia qualitativa possa ser muito útil para estudar um determinado grupo de pessoas, pode ser difícil generalizar as suas conclusões (Banyard & Miller,

1998). A população-alvo deste estudo foi uma amostra de vinte e nove refugiados na África do Sul. Tal como referido, foram feitos esforços para tornar a amostra representativa, mas a dimensão e a composição da amostra podem limitar o potencial de generalização deste estudo.

As dificuldades encontradas prenderam-se com a procura de inquiridos, com a criação de condições adequadas para as entrevistas e, sobretudo, com questões linguísticas. Durante a entrevista, foram feitos todos os esforços para garantir que os inquiridos se sentissem à vontade para falar. Os inquiridos tinham o direito de escolher onde e como preferiam ser entrevistados; se em privado ou na presença de outras pessoas. Alguns entrevistados foram recebidos no local de trabalho, outros em casa e outros no exterior de edifícios públicos. Por vezes, foi difícil gravar a entrevista. Alguns solicitaram que as suas vozes não fossem gravadas, mas concordaram que fossem tomadas notas. Houve desafios consideráveis na procura de inquiridos, uma vez que nem todos puderam sacrificar o seu tempo para uma entrevista. Todas as entrevistas foram conduzidas em inglês e como o inglês não é a primeira língua de muitos refugiados na África do Sul, foi difícil compreender as perguntas e as respostas. Muitas das citações foram, no entanto, deixadas inalteradas.

CAPÍTULO 5. ANÁLISE DOS RESULTADOS

Este capítulo está dividido nas seguintes secções: a secção 5.1 analisa e discute: padrões de utilização de telemóveis entre os refugiados (5.2). As secções seguintes abordam o efeito da utilização do telemóvel no capital social (5.3) e a contribuição da utilização do telemóvel para a integração social (5.4).

5.1. *Padrões de utilização de telemóveis entre refugiados*

Os inquiridos indicaram que os serviços de telemóvel que utilizam incluem SMS, chamadas de voz, chamada de retorno e Internet móvel. As chamadas de voz e os SMS são os serviços mais utilizados. A maioria prefere as chamadas de voz, apesar de serem mais caras, porque são mais pessoais e substituem melhor a comunicação cara a cara. Este padrão não é invulgar em África (Gough, 2003). *"Sei que fazer uma chamada de voz é mais caro do que enviar um SMS, mas prefiro a chamada de voz... discutimos como se estivéssemos frente a frente"* (Bangrase).

Embora o analfabetismo seja um fator de elevada utilização das chamadas de voz em algumas zonas africanas (Gough, 2003), não foi esse o caso neste estudo. Embora os inquiridos prefiram as chamadas de voz, a utilização de SMS tem a vantagem de ter uma tarifa razoável em comparação com as chamadas de voz. Além disso, um SMS pode ser enviado a várias pessoas diferentes: *"Tenho de me manter em contacto com os meus amigos no meu país, mas não aguento telefonar uns aos outros... Basta-me escrever um SMS e enviá-lo a mais do que um ao mesmo tempo"* (Angaza).

Apenas cinco dos inquiridos utilizam a Internet móvel. Os cinco inquiridos afirmam que acedem às redes sociais, nomeadamente ao Facebook, e ao correio eletrónico através dos seus telemóveis. No entanto, dizem que aceder à Internet num computador, em casa ou num cibercafé, é mais conveniente do que num telemóvel. Argumentam que os ecrãs dos telemóveis são demasiado pequenos, as opções são limitadas e há problemas com a impressão. *"O problema da Internet móvel é que não nos sentimos satisfeitos... leva tempo a escrever... o computador continua a ser o melhor, mesmo que não o tenhamos nas mãos como um telemóvel"* (Ugama). Apenas um dos cinco inquiridos se encontrou cara a cara com um dos seus correspondentes no Facebook, mas isso deveu-se ao facto de essa pessoa ser um amigo íntimo do seu amigo.

Apenas dois inquiridos afirmam utilizar o serviço de massagem instantânea móvel (MIM), nomeadamente o MXit. O principal problema que enfrentam é que a maior parte das pessoas com quem gostariam de comunicar não têm telemóveis com capacidade MIM. "*O MXit é realmente muito barato... o problema é que não é como os SMS que se podem enviar a todas as pessoas que possuem um telemóvel... com o MXit só se pode conversar com os contactos que foram adicionados à lista de contactos*" (Connelly).

Estes resultados confirmam que factores como o custo, a conetividade e a utilidade percebida (van Biljon & Kotze, 2008), todos têm influência na utilização de telemóveis entre os refugiados. Van Biljon e Kotze (2008) também sugerem que existem influências sociais culturais e emocionais na utilização de telemóveis. Este facto foi confirmado neste estudo. A maioria dos inquiridos considera que "manter-se em contacto" e a conveniência são as principais razões para a utilização de telemóveis. Também guardam os telemóveis como um 'cobertor de segurança' e para utilização em emergências.

5.3. *O efeito da utilização do telemóvel no capital social*

As TIC, como os telemóveis, tornaram-se essenciais para a criação de redes e têm sido consideradas importantes para o desenvolvimento do capital social (Campbell & Russo, 2003; Bacishoga at al., 2015; Diminescu et al., 2009; Humphreys, 2007; Kreutzer, 2009; Scott et al., 2004). É evidente que os telemóveis são considerados pelos inquiridos como um elo vital entre eles e as suas famílias. Os inquiridos utilizam frequentemente os seus telemóveis para comunicar com os seus familiares e amigos próximos.

Este estudo investiga a forma como o desenvolvimento do capital social é possibilitado pela utilização do telemóvel nas comunidades de refugiados. Este estudo será analisado sob os títulos de Bonding, Bridging e Maintained Social capital, embora haja alguma sobreposição evidente na discussão, particularmente entre Bridging e Bonding Social Capital.

5.3.1. *Capital social de ligação*

O capital social de ligação caracteriza-se por laços fortes que ligam membros da família e amigos próximos em relações emocionalmente estreitas (Helliwell & Putnam, 2004). As redes que suportam o capital social de ligação tendem a ser homogéneas. Isto foi confirmado pelos inquiridos, que afirmam que as principais razões para os laços fortes são a partilha de caraterísticas comuns. Estas caraterísticas, tais como serem refugiados, virem do mesmo país e partilharem uma língua comum, servem para reforçar os laços de confiança entre eles. Os elementos de solidariedade e confiança (Daniel et al., 2003) foram caraterísticas-chave das descrições dos inquiridos.

"Há sempre algo para falar com alguém do meu país, falamos a mesma língua e expressamos facilmente os nossos sentimentos, confiamos e encorajamo-nos mutuamente nesta vida de refugiados, partilhamos informações... sabe, o que lhe acontece a ele pode acontecer a mim" (Rwazi).

As redes sociais de ligação podem proporcionar apoio emocional em situações difíceis (Atfield et al., 2007). Os inquiridos revelam que estar em contacto móvel com os seus familiares, amigos próximos e parentes os ajuda a ultrapassar o isolamento e a sentirem-se aceites, seguros e confiantes. *"... acontece que, por vezes, nos sentimos sozinhos e queremos falar com alguém, por isso contacto os meus amigos, pois estamos confiantes e falamos a mesma língua, há uma espécie de solidariedade entre nós..."* (Ethulia). Somkia sublinha ainda que os seus amigos próximos substituem a sua família, que está longe, em "casa".

Os inquiridos referem que a maior parte da comunicação por telemóvel entre eles e as pessoas da sua rede de laços é sobre a vida em geral. Partilham informações relativas a necessidades imediatas, tais como oportunidades de trabalho ou de educação, direcções para locais na área e quais os transportes disponíveis, onde obter mobiliário ou alimentos, preocupações de saúde, notícias e o que está a acontecer no seu país de origem. Também falam sobre os seus direitos e obrigações em diferentes situações, partilham experiências de vida e aconselham-se mutuamente.

"Não consigo descrever o que falamos ao telefone com os meus amigos... falamos de tudo como se estivéssemos cara a cara... aconselhamo-nos uns aos outros, pedimos informações, discutimos situações... os nossos telemóveis ajudam-nos a mostrar a nossa preocupação com os outros" (Sudarta).

No entanto, as redes sociais de ligação tendem a limitar as possibilidades de os participantes alargarem os seus horizontes. Consequentemente, perdem oportunidades como vagas de emprego, possibilidades de estudo ou a hipótese de aprender inglês. *"O problema é que, como só tenho amigos do meu país, nem todos melhoramos os nossos conhecimentos de inglês, o que nos permitiria arranjar amigos sul-africanos... talvez se tivermos amigos sul-africanos possamos saber demasiadas coisas importantes..."* (Zaidi).

Os inquiridos têm dificuldade em romper com as redes de ligação, pois têm dificuldade em compreender a língua e em avaliar e confiar nas reacções das pessoas de fora. *"Sinto-me seguro e aceite pelas pessoas do meu país... é fácil fazer amigos entre nós, pois falamos a mesma língua e temos a mesma cultura... sabemos como reagir em determinadas situações... Dificilmente comunico com outras pessoas porque não sei como se comportam, não confio nelas ... "*(Somia).

Embora as redes de laços possam fornecer recursos para ajudar os membros do grupo a "sobreviver" (Atfield et al., 2007), a força e a coesão do grupo também podem resultar em isolamento social para o grupo (Comissão para a Integração e Coesão, 2007; Putnam, 2007). Isto pode resultar na perda de oportunidades e no risco de exclusão da comunidade em geral.

O capital social de ligação pode proporcionar apoio emocional e ajuda mútua (Islam et al., 2006). A utilização de telemóveis mediou laços fortes com a família e amigos próximos e permitiu estes dois benefícios. A necessidade de apoio e conforto é compreensível nos refugiados. No entanto, problemas com a língua e, sobretudo, com a confiança, impediram alguns de se aventurarem em relações fora do grupo.

A análise mostra que, no caso de necessidades imediatas e funcionais, tais como abrir uma conta bancária, onde obter determinado mobiliário, serviço, etc., a maioria dos inquiridos utiliza o telemóvel para contactar amigos. A maioria dos inquiridos recorre aos vizinhos apenas quando os amigos, mesmo distantes, não podem ajudar; em caso de emergência; ou quando o telemóvel não pode ser utilizado. *"...entre os meus vizinhos, ninguém é do meu país, se preciso de alguma coisa, pego no meu telemóvel e ligo a um amigo ... Lembro-me de uma manhã em que o meu carro não pegava... Bati à porta do meu vizinho a pedir ajuda, ele veio e usou o carro dele para me ajudar a pôr o meu a trabalhar"* (Nigel).

"Nalgumas questões, os amigos do país não podem ajudar devido à falta de experiência... quando comprei uma casa que tinha de renovar, sem o conselho dos meus amigos sul-

africanos poderia estar em apuros e gastar mais, ... Posso contactá-los a qualquer momento, mesmo que nunca entre em casa deles" (Zaisha).

5.3.2. *Capital social de ligação*

O capital social de ponte caracteriza-se por laços fracos entre os membros individuais de uma rede heterogénea. Esta forma de capital social serve para ligar ou fazer a ponte entre os membros e a sociedade em geral (Ellison et al., 2007). Os inquiridos apresentaram alguns indícios desta situação. Os inquiridos referem que comunicam através de telemóveis com pessoas que conheceram e com as quais não criaram laços fortes. Frequentemente, trata-se de pessoas com quem trabalham, estudam ou partilham alojamento; muitos dos inquiridos ainda partilham alojamento. Outros são aqueles que conheceram informalmente, como durante uma viagem ou num clube noturno.

Muitos dos inquiridos referem que, quando chegaram à África do Sul, não tinham ou tinham poucas relações locais. Com o passar do tempo e devido a diferentes circunstâncias, acabaram por se relacionar com muitas pessoas de diversas origens. Zaikolo descreve isto graficamente como construir um monumento a partir do zero: *"Quando vim para a África do Sul, só tinha na cabeça um número de telemóvel de um tipo que vivia aqui. Quando cheguei a Joanesburgo, ele já não atendia o telemóvel, até que eu desisti... sem dinheiro, sem nada de valor, fui à igreja metodista e comecei a minha vida do zero. Hoje, o meu cartão SIM está cheio de números de contacto de pessoas que me ajudaram a construir a minha vida como um monumento".*

Há provas que apoiam a afirmação de Goodman (2003) de que o acesso ao capital social está a tornar-se mais individualizado. Muitas vezes, as novas associações formadas pelos refugiados são espontâneas e não geradas a partir de uma rede existente. Os inquiridos explicam que começam por conhecer ao acaso pessoas que antes lhes eram desconhecidas, depois trocam números de telemóvel e mantêm-se em contacto. O inquirido Zaidi, um guarda de segurança, partilha: *"Conheci um sul-africano, o Siphiwe, quando o meu patrão (empregador) me telefonou a dizer que eu tinha de fazer um turno duplo com o Siphiwe... passámos a noite toda a conversar, trocámos os nossos números de telemóvel... passados quatro meses, ambos perdemos o emprego porque a empresa despediu alguns empregados... dois meses depois, o Siphiwe telefonou-me e disse-me que o seu novo patrão precisava de trabalhadores... agora trabalhamos juntos e somos bons amigos".*

Outra inquirida, Zimhare, diz que se encontrou com a sua amiga sul-africana Sandra numa clínica enquanto levava o seu bebé para ser vacinado. Depois de uma conversa, trocaram os números de telemóvel. No dia seguinte, Sandra telefonou-lhe dizendo que a sua vizinha precisava de alguém para tomar conta de um bebé; Zimhare aceitou o trabalho e continua em contacto com Sandra.

Embora a maioria dos inquiridos não tenha estabelecido as suas novas relações através da utilização do telemóvel, é evidente que os telemóveis os ajudaram a reforçar e a melhorar as suas redes sociais.

Os resultados apoiam a afirmação de Atfield et al. (2007) de que os locais e as organizações, como os grupos religiosos e as escolas, desempenham um papel importante na criação de redes sociais. Os inquiridos estabelecem, na sua maioria, relações de ligação depois de conhecerem pessoas com interesses semelhantes no trabalho, na escola, em instalações desportivas, igrejas e clínicas: *"Na minha igreja, temos um grupo de oração, foi a partir daí que conheci a maior parte dos meus amigos sul-africanos com quem comunico, aprendi muito com eles, sabe, a vida aqui não é semelhante à vida no meu país..."* (Zaisha).

Os inquiridos que têm uma família e, em particular, filhos, estão mais aptos a desenvolver redes: *"Foi um dia em que, ao levar o meu filho ao infantário, me encontrei com outra mulher que me disse que tinha vindo ter comigo porque o seu filho a obrigava a levar o meu para casa dela... desde então, tornámo-nos como uma família"* (Tanami). Verificou-se que, entre os inquiridos, a comunicação por telemóvel é mais frequente entre os que vivem, trabalham ou estudam juntos do que entre os que raramente se encontram.

Os inquiridos tendem a comunicar com as pessoas da rede de ligação com quem partilham interesses como o trabalho, a educação, a fé, o desporto ou a saúde. *"Os meus amigos são do meu trabalho, do ginásio e outros que acabámos de conhecer, não me lembro como... não comunicamos todos os dias, mas se houver algo para falar, telefonamos uns aos outros... talvez sobre o trabalho ou algo interessante..."* (Zimucho).

Os indivíduos que fazem parte de redes de ligação gostam de partilhar informações e de se manterem actualizados sobre questões externas (Daniel et al., 2003; Putnam, 2000). Os inquiridos relatam conversas que abrangem uma série de tópicos: para discutir assuntos económicos, para partilhar notícias ou apenas para manter o contacto social. Os inquiridos partilham preocupações sobre trabalho, educação ou alojamento ou pedem assistência em caso de emergência. Por último, as chamadas móveis são efectuadas para prestar apoio emocional. *"A minha mulher é sul-africana e, graças a ela, tenho outros amigos sul-africanos... comunicamos e partilhamos tudo, informações... se alguém tiver um problema, mesmo que não dê dinheiro, pode simplesmente falar com ele para o apoiar..."* (Nigel).

"O meu telemóvel permite-me estar acessível àqueles que têm o meu número... eles podem ligar-me, eu posso ligar-lhes... podemos falar sobre qualquer coisa... pode ser sobre partilhar uma cerveja, sobre o trabalho, sobre tudo..." (Zimucho).

"... o meu telemóvel permite-me comunicar com muitas pessoas ... elas ajudam-me a resolver os meus problemas ... pode ser sobre a minha saúde, ou sobre como fazer as coisas" (Sudarta).

"O meu telemóvel faz-me sentir que não estou sozinho, sinto-me seguro, feliz... Comunicar com os meus amigos ajuda-me a enfrentar a vida, a estar informado sobre as coisas" (Somel).

A comunicação frequente é importante para a manutenção de uma rede de ligação. Se a comunicação não for mantida, as relações tendem a extinguir-se (Adler et al. 2002). Os resultados corroboram este facto e confirmam que as ligações entre pessoas de diferentes origens étnicas e profissionais são vulneráveis. No entanto, algumas das relações criadas aleatoriamente tornaram-se estreitas com a comunicação frequente; muitas delas são com co-nacionais. Outros tornaram-se conhecidos com quem raramente comunicam.

5.3.3. *Manutenção do capital social*

O capital social mantido resulta da manutenção de ligações a redes sociais de fases anteriores da vida (Ellison et al., 2007; Oswald & Clark, 2003; Phulari et al., 2010). A maioria dos inquiridos procurou manter as suas antigas redes após a mudança para a África do Sul. A migração e as mudanças de localização geográfica foram vistas como fortes ameaças às suas redes.

As pessoas valorizam as suas ligações anteriores, pois muitas vezes têm dificuldade em criar novos laços e os laços antigos fornecem apoio emocional (Ellison et al., 2007). Houve um consenso geral entre os inquiridos de que viver num país estrangeiro com as suas famílias e amigos próximos deixados para trás no seu país de origem os expõe a uma luta emocional. *"Quando passo muito tempo sem comunicar com os meus velhos amigos, sinto que estou em dívida para com eles... uso o meu telemóvel para os contactar... é como se estivesse a reatar as nossas relações"* (Angaza).

"Às vezes tenho saudades de casa e sinto que estou perdido... então pego no meu telemóvel e envio-lhes SMSs para lhes mostrar que não me esqueci deles" (Zimbiri).

" ... Não telefono às pessoas só quando preciso de ajuda, de emprego... às vezes telefono a familiares para lhes mostrar a minha solidariedade... só para dizer: estamos juntos" (Anguma).

Por exemplo, quando alguém me envia uma SMS ou me telefona e diz: "Só queria dizer olá... para mim é uma coisa boa para assegurar a nossa relação..." (Nigel).

A manutenção de redes antigas assenta fortemente na comunicação regular através de tecnologias como o SMS, o correio eletrónico e as redes sociais em linha, como o Facebook (Ellison et al., 2007; Oswald & Clark, 2003). Os inquiridos consideram o telemóvel como uma ferramenta crucial para manter ligações vitais com os seus países de origem. *"Tenho de me manter em contacto com a minha mulher e os meus filhos, mesmo que não seja por questões sérias... pode ser apenas por diversão, para lhes mostrar que estou com eles... nessas situações, costumo enviar-lhes SMS, uma vez que telefonar é caro"* (Zimbala).

As relações nas redes mantidas podem ser mantidas ou abandonadas com o passar do tempo (Ellison et al., 2007). Os inquiridos recém-chegados (duração da estadia inferior a cinco anos) referem uma comunicação mais frequente com as pessoas do seu país de origem do que os que permaneceram na África do Sul durante mais de cinco anos. As principais razões apresentadas são o facto de sentirem saudades de casa, de terem memórias vivas dos seus países de origem e de ainda não estarem habituados à vida no novo país. Após algum tempo, os inquiridos referem que perdem o contacto com muitos contactos antigos. *"Tenho alguns números de contacto com nomes no meu telemóvel, mas já não me lembro de quem são exatamente as pessoas ... quando telefono para saber, às vezes a pessoa esquece-se de mim e pergunta quem eu sou* " (Burinyi).

O estatuto familiar também influencia a frequência da comunicação entre os inquiridos e as pessoas nos seus países de origem. Aqueles que vivem no novo país com as suas famílias (parceiro e filhos) comunicam com menos frequência do que aqueles que têm famílias próximas no seu país de origem. Todos os inquiridos casados, que deixaram as suas mulheres/maridos e filhos para trás, utilizam os telemóveis com mais frequência do que aqueles que têm a sua família próxima aqui na África do Sul.

A frequência das comunicações por telemóvel é aumentada por acontecimentos invulgares na região ou no país de origem dos inquiridos, como a guerra (RDC, Somália), a crise política (Quénia, Zimbabué) e a fome (Tanzânia). Outras razões citadas para uma comunicação mais frequente são acontecimentos e preocupações pessoais, como casamentos ou doenças.

Os inquiridos utilizam sobretudo SMS para manter o contacto social com membros da sua comunidade anterior. Quando uma chamada de voz se torna uma necessidade, a maioria dos inquiridos utiliza telefones públicos internacionais em vez dos seus telemóveis. Os telefones públicos são frequentemente utilizados quando há um evento especial ou um problema sobre o qual há muito a discutir. O tarifário foi a razão apresentada para a sua preferência pelos telefones públicos. Os inquiridos utilizam os seus telemóveis quando é impossível utilizar os telefones públicos internacionais por razões como a distância dos telefones públicos, chamadas nocturnas ou emergências.

"É extremamente caro fazer uma chamada de voz para o meu país. Só utilizo SMS para os contactar. Quando preciso de ouvir a voz deles ou quando temos de discutir algo, recorro a um telefone público internacional... "(Zaidi).

Somkia, um retalhista, proprietário e fornecedor de telefones públicos internacionais, confirma que as tarifas dos telemóveis são entre duas e seis vezes superiores às dos telefones públicos internacionais para uma chamada para a RDC. Por necessidade, os refugiados são muito conscientes dos custos em termos de taxa de comunicação por telemóvel, mesmo quando mantêm ligações sociais com as suas famílias e amigos próximos nos seus países de origem. Este facto pode ter um impacto negativo na manutenção das redes sociais. No entanto, utilizam os SMS para manter o contacto social, para além das conversas presenciais. Assim, mesmo após longos períodos de separação, os telemóveis permitem que os inquiridos se mantenham em contacto com as suas famílias, parentes e amigos próximos. Os telemóveis são, portanto, cruciais na manutenção das redes sociais, especialmente quando a rede se encontra à distância (Campbell et al., 2003; Scott et al., 2004).

Os poucos inquiridos que têm acesso à Internet móvel conseguem reforçar as suas redes sociais em linha, apesar de já não viverem na mesma região. Por exemplo, publicam comentários nas páginas uns dos outros no Facebook.   "...

Às vezes acontece encontrar online uma pessoa que conheço no meu país, mas que não éramos íntimos... quando comento as fotografias dele, ele reage e a partir daí começamos a aproximar-nos..." (Connelly). Zaisha relata o desenvolvimento de antigas relações em linha, ao ponto de agora comunicarem offline através de SMS ou chamadas de voz.

Os telemóveis são também utilizados pelos inquiridos para se manterem a par das notícias gerais dos seus países. Os inquiridos do sexo masculino, em particular, confirmam estar interessados em notícias, especialmente sobre política e desporto. Dois terços dos inquiridos contactam amigos no seu país para discutir ou obter esclarecimentos sobre as notícias locais.

"... todos os dias, na minha aldeia, acontecem coisas de que não espero que a SABC [The South African Broadcasting Corporation] *tenha conhecimento. Só tenho acesso a essa informação telefonando às pessoas de lá... Preciso de saber o que se está a passar lá..."* (Somel).

Os inquiridos utilizam os seus telemóveis em redes mantidas para apoio emocional (saudades), acompanhamento da situação familiar no país de origem (educação, saúde) ou acompanhamento de bens transferidos (mobiliário, dinheiro ou fotografias), informação sobre a evolução da sua vida nos novos países, partilha de eventos especiais (casamentos, Natal) e contacto com notícias gerais (especialmente das suas cidades de origem).

"... os meus amigos telefonam-me e perguntam-me como é a vida na África do Sul, ... telefono para casa para saber a situação da minha família, dos meus filhos... para os encorajar" (Zaikin).

"Por vezes, envio dinheiro ou compro-lhes prendas; telefono para saber se as receberam

em boas condições" (Zimbiri).

5.4. O contributo da utilização de telemóveis para a integração social

As Nações Unidas (2009) descrevem a integração social como um processo dinâmico. Embora as redes sociais sejam um aspeto importante deste processo, existem outros factores fora das redes sociais que ajudam e permitem a integração (Atfield et al., 2007). Um desses factores é o telemóvel. Van Biljon e Kotze (2008) encontraram provas de que a situação de uma pessoa, como o estatuto profissional, a ocupação ou o rendimento, tem influência na utilização do telemóvel. É evidente que o telemóvel é uma ferramenta essencial para os refugiados. As secções seguintes discutem o impacto dos telemóveis nas três formas de integração social discutidas na análise da literatura.

5.4.1. Impacto dos telemóveis na participação social e cultural

Ager e Strang (2004) referem que os refugiados no Reino Unido recebem aconselhamento de várias fontes, tais como o pessoal do Housing Office, escolas, bibliotecas e voluntários em centros de acolhimento. Os refugiados do seu estudo consideraram que o aconselhamento que obtiveram foi particularmente importante, sobretudo à chegada. Na África do Sul, os refugiados recém-chegados recebem pouca ou nenhuma orientação para redes formais, tais como organismos governamentais ou semi-governamentais, instituições de caridade e grupos religiosos, através dos quais podem informar-se sobre oportunidades de alojamento, trabalho ou educação. Por conseguinte, criam redes informais, facilitadas pelos seus telemóveis, para partilharem informações gerais sobre as oportunidades disponíveis. Estas redes informais baseiam-se em laços de amizade, muitas vezes numa base ad hoc (Atfield, et al. 2007).

Trabalho numa organização que se ocupa de estudantes refugiados do ensino superior e apercebi-me de que muitos refugiados não têm conhecimento das organizações formais existentes, como a CWD, a ARESTA... estas organizações lidam com a questão dos refugiados..." (Burinyi).

Na África do Sul, existem organizações que servem objectivos sociais, como a CWD (Catholic Welfare and Development) na Cidade do Cabo, ou objectivos funcionais, como a ARESTA (Agency for Refugee Education, Skills Training and Advocacy). Estas organizações, para além dos seus objectivos sociais e funcionais, proporcionam aos participantes oportunidades para se encontrarem e desenvolverem relações.

Os telemóveis permitiram que os inquiridos se envolvessem em actividades de grupo (informais ou formais) ou em trabalho voluntário. Por exemplo, os inquiridos referem interações sociais tanto nas escolas como na igreja.

" ... A primeira vez que participei na associação de pais e professores na escola do meu filho foi quando recebi uma chamada da secretária ... se houver algum problema, ligo-lhes ... o meu telemóvel ajuda-me a acompanhar a educação do meu filho " (Tanami).

"Por vezes, trabalho voluntariamente na minha igreja... há uma pessoa que está lá permanentemente, ligo-lhe para saber o que é preciso fazer, o dia e a hora... toda a gente me respeita por isso" (Zaisha).

Todos os estudantes inquiridos afirmam que utilizam os seus telemóveis para interagir com os colegas e participar em grupos de estudo. Outras interações incluem aulas de línguas, aulas de manutenção física, equipas de bares e grupos desportivos. *"Quando temos trabalhos de grupo, usamos o telemóvel para comunicar entre nós... para marcar encontros, para trocar ideias ou assuntos..."* (Angaza).

No entanto, dois terços dos inquiridos referem que nunca participaram em actividades formais de grupo ou em qualquer trabalho voluntário. A principal razão invocada é o facto de não terem conhecimento destes grupos, de não terem sido convidados a participar ou de não terem tempo. *"... se alguém me convidar e se eu tiver tempo, posso participar ... mas eu próprio não sei o que se passa à minha volta, porque trabalho todos os dias das 6h às 18h"* (Zaidi). Devido a esta situação, o telemóvel torna-se uma ferramenta social importante.

"... ter um telemóvel significa que estamos conscientes de que há pessoas que podem precisar da nossa intervenção a qualquer momento. Significa que se está em contacto com algumas pessoas" (Zaila).

"Não se pode simplesmente desligar o telemóvel ou não atender chamadas, as pessoas podem pensar que se está em apuros... Penso que não é fácil ficar sem telemóvel, pode ser como se nos isolássemos dos outros" (Pakioni).

A falta de confiança e as questões linguísticas são algumas das razões pelas quais os inquiridos não confiam mais nos seus vizinhos. Consequentemente, os refugiados tendem a recorrer aos seus compatriotas e a formar redes com eles. Cerca de um terço dos inquiridos hesita em conversar com os vizinhos devido à falta de confiança na sua língua, que pode ser o inglês (na maioria das vezes, quando o vizinho é branco) ou uma das outras línguas nacionais sul-africanas, como o zulu ou o xhosa. De acordo com a maioria dos inquiridos, acontece que quando falam com alguém em inglês, este responde noutra língua.

"Por vezes, quando preciso de orientação numa zona a que não estou habituada, a maior parte das vezes, se pergunto a alguém, ele responde-me na sua língua, que eu não sei se é zulu ou o quê... isto deixa-me confusa e desconfortável... compreende por que razão, se tenho um amigo que pode conhecer a zona, lhe telefono para me orientar, mesmo que ele esteja longe? (Somkia).

A maioria dos inquiridos acredita que a comunicação por telemóvel cria confiança entre eles e a maioria dos seus destinatários; confiança que aumenta com a frequência da interação. Alguns inquiridos argumentam que os números de telemóvel só são trocados entre amigos e conhecidos escolhidos por eles próprios, ao ponto de não temerem qualquer chamada, mesmo que venha de uma fonte desconhecida, uma vez que deve ter sido fornecida por alguém conhecido. *"Só dou o meu número de telefone aos meus amigos porque confio neles. Quando recebo uma chamada de um número desconhecido, não me preocupo. Sugiro que ele obteve o meu número através dos meus amigos"* (Somia). No entanto, existe uma maior confiança com aqueles com quem criaram redes de laços, especialmente com os co-nacionais com quem interagem frequentemente.

Os telemóveis são um recurso valioso para a interação social e o desenvolvimento social (Aoki & Downes, 2003; Bhavnani et al., 2008). No entanto, embora os telemóveis sejam úteis para a interação, a criação de laços e a manutenção de redes podem impedir o progresso (Atfield et al., 2007). Os telemóveis também podem "amplificar as diferenças pré-existentes na integração social, em vez de as atenuar" (Puro, 2002, p. 28). A facilidade de contacto entre os grupos de refugiados e as suas famílias nos países de origem pode dificultar a integração. No entanto, para os refugiados, a posse de um telemóvel é crucial para a interação social, bem como para os cuidados e a segurança.

5.4.2. Impacto dos telemóveis na participação económica

A utilização de telemóveis pelos indivíduos permite-lhes criar oportunidades económicas (Diminescu et al. 2009; Kreutzer, 2009; Sinha, 2005). O telemóvel é uma ferramenta importante para gerar rendimentos e procurar emprego, podendo também produzir benefícios indirectos como a poupança de tempo e de custos (Bhavnani, Chiu, Janakiram & Silarszky, 2008). A maioria dos inquiridos refere que utiliza os seus telemóveis para os ajudar a gerar rendimentos ou a encontrar emprego. Outros referem a poupança de custos e de tempo. Muitos dos comentários referem-se à natureza da vida dos refugiados, com a sua relativa falta de permanência no alojamento ou no trabalho.

A maioria dos trabalhadores independentes entrevistados concorda que os telemóveis os ajudam a obter rendimentos, por exemplo, permitindo-lhes encontrar e manter clientes. *"Ele [telemóvel] ajuda-me a encontrar clientes que podem ligar para o meu número disponível nos papéis que são distribuídos pelos meus empregados em locais públicos... a maior parte das vezes eles recomendam-me outros clientes"* (Tanzam, um médico tradicional).

Outros descrevem como os telemóveis lhes permitem estar permanentemente disponíveis para potenciais clientes. Zaila, uma cabeleireira, observa que, com o seu telemóvel, não precisa de alugar uma casa para ter um salão de cabeleireiro. Os clientes telefonam-lhe para se pentearem em casa. Buruma, um mecânico independente, conta como os condutores cujos carros têm uma avaria podem telefonar-lhe para obter assistência. Também usa o telemóvel para comprar peças para o carro sem sair da sua oficina. Rwazi, um taxista, utiliza o seu telemóvel para reduzir o tempo de espera, uma vez que a maioria dos seus passageiros lhe telefonam quando precisam de transporte. Como diz Gough (2005): "Um telemóvel proporciona-lhe um ponto de contacto; na verdade, permite-lhe participar no sistema económico" (p. 1).

Os trabalhadores por conta de outrem e os trabalhadores ocasionais consideram que os telemóveis são importantes para serem localizados para efeitos de emprego. *"... nos meus dias de folga, o meu patrão [empregador] às vezes telefona-me se há um lugar disponível ... noutras circunstâncias, diz-me que tenho de fazer turnos duplos. Isto aumenta o meu salário no fim do mês"* (Zaidi, segurança).

"Um dia fui à procura de emprego num restaurante... o gerente disse-me que não havia vagas, mas pediu-me para deixar o meu CV e que me ligaria se houvesse necessidade... três semanas depois ligou-me e desde então estou a trabalhar lá" (Ugama).

Somel é um caso particularmente interessante. Ele fornece tempo de antena móvel a clientes ocasionais. É uma prática comum em grande parte de África receber e retransmitir mensagens de texto ou fornecer serviços de telemóvel ou de linha fixa a quem não tem telemóvel e a quem não sabe ler nem escrever (Gough, 2005).

A maioria dos inquiridos concorda que os telemóveis ajudam a encontrar emprego, permitindo-lhes estar contactáveis. Um terço dos inquiridos obteve emprego de empregadores que os contactaram através dos telemóveis. No entanto, não consideram que os telemóveis os ajudem na procura de entrevistas. Alguns contam que andam de porta em porta à procura de emprego. Apenas um utilizou a Internet móvel para procurar emprego, embora não tenha tido êxito. A maioria argumenta que, embora seja possível e cómodo candidatar-se em linha, não se sente confiante face à concorrência dos cidadãos sul-africanos.

"É impossível receber a encomenda nos correios com um documento de refugiado... como é que achas que isso pode ajudar a conseguir um emprego anunciado?... pedem-te para trazeres um BI verde" (Rwazi).

" ... Não me parece que se possa arranjar um emprego em linha quando todos estes cidadãos estão sem emprego" (Angela) e *"... já têm as pessoas de que precisam..."* (Zimbala)

Embora houvesse interesse no comércio eletrónico, poucos podiam fornecer os documentos necessários para comprar um telemóvel adequado. *"Sei que com um telemóvel adequado, como os que são anunciados na televisão, se pode gerir o negócio e poupar dinheiro... infelizmente, os grandes telemóveis só são vendidos com contrato... os refugiados não têm documentos reconhecidos; não têm bilhete de identidade verde, não têm contas bancárias..."* (Conzale).

O interesse pela banca móvel foi manifestado por vários refugiados. *"... Acho interessante [o banco móvel] porque posso fazê-lo em casa ... e poupar o meu dinheiro para a gasolina e também o meu tempo ... Prefiro ficar a ver televisão do que estar na fila do banco".* (Nigel).

No entanto, alguns inquiridos referem que não podem utilizar estes serviços bancários. *"Não está a perceber! ... desde o dia em que um funcionário do banco me disse que os refugiados não têm direito a todos os serviços bancários, fiquei reticente... Acho que toda a inovação nos serviços bancários não é para os refugiados"* (Ethumba). Embora os serviços bancários móveis proporcionem uma gestão de dinheiro conveniente e eficiente (Bhavnani et al. 2008), os benefícios para os refugiados na África do Sul são limitados. Embora alguns bancos sul-africanos tenham começado a alargar os serviços aos refugiados, estes são excluídos de uma série de serviços, tais como contas de poupança e empréstimos (Landau & Kabwe-Segatti, 2009).

Na África do Sul, a maioria dos refugiados vive em zonas urbanas e não recebe qualquer assistência material do governo. Alguns recebem documentação inadequada que não é reconhecida por certas autoridades e empregadores (Landau, 2006). Consequentemente, o autoemprego é a única hipótese de sobrevivência para alguns. *"...sabe, com o meu documento de refugiado, sou como um prisioneiro aqui, não posso viajar para o estrangeiro... usando o meu telemóvel, encomendo mel puro do meu país de origem... chega-me e faço negócio..."* (Zaikin).

Afirma-se que os telemóveis têm um impacto económico positivo nas populações de refugiados (Bacishoga at al., 2015). É evidente que este é o caso. Os telemóveis permitem aos refugiados obter rendimentos, encontrar emprego e poupar custos. No entanto, o impacto económico depara-se com barreiras como a documentação e a exclusão (Landau, 2009).

5.4.3. *Impacto dos telemóveis na participação política*

Considera-se que os telemóveis permitem a atividade política e a mobilização (Hermanns, 2008; Kreutzer, 2009). Campbell e Kwak (2009) acreditam que os telemóveis acrescentaram uma nova dimensão à sociedade civil. No entanto, os inquiridos pouco encontraram para apoiar estas fortes afirmações.

Houve um consenso geral entre os inquiridos de que os telemóveis, especialmente as chamadas de voz, são o melhor meio para interagir com pessoas com autoridade. A principal razão citada foi o facto de os telemóveis permitirem uma ligação direta com a pessoa em causa, o que não acontece com outros meios de comunicação, como cartas ou e-mails, que os inquiridos não acreditam que cheguem à pessoa em causa. *"... pelo menos com o telemóvel fala-se com a pessoa de quem se precisa, não é como uma carta que acaba por ser lida num caixote do lixo ... "* (Tanzam).

No entanto, a maioria dos inquiridos referiu que raramente interage com pessoas com autoridade. Estes inquiridos consideram que as suas preocupações não são tidas em consideração. *"Penso que é uma perda de tempo e de tempo de antena tentar levantar qualquer questão junto das pessoas do governo, eles têm o seu programa político que não se pode mudar..."* (Zimbala).

Embora os inquiridos reconheçam o papel desempenhado pelos telemóveis na facilitação da interação com pessoas com autoridade, não acreditam que as suas preocupações tenham qualquer impacto ou possam influenciar qualquer reação do governo, uma vez que alguns tentaram e não obtiveram resposta.

A maioria dos inquiridos utiliza os telemóveis para discutir questões relativas à sua comunidade de refugiados com pessoas de diferentes origens. Também falam sobre os seus direitos e obrigações em diferentes situações. Estas questões incluem o desenvolvimento de capacidades, o tratamento justo e a melhoria de vida. Um dos inquiridos é membro de um grupo de pressão. *"Por vezes, os refugiados têm problemas quando se inscrevem ou quando se candidatam a um curso... nesses casos, pedem-nos ajuda... depois contactamos a escola em causa para resolver o problema..."* (Burinyi).

A maioria dos inquiridos não acredita que a interação com o telemóvel possa influenciar as reacções das autoridades públicas. Em certas questões, especialmente em situações de emergência, referem que não recebem um serviço fiável. Observam que, por vezes, não há resposta ou há atrasos nas respostas quando contactam os agentes governamentais, incluindo a polícia, os profissionais de saúde e os empregadores. Os inquiridos afirmam que a falta de resposta ou a demora na resposta ocorre quando reconhecem os seus sotaques estrangeiros. Consequentemente, em situações de emergência, os refugiados recorrem sobretudo a cidadãos sul-africanos para telefonarem em seu nome, a fim de receberem um serviço fiável.

"... o meu amigo foi esfaqueado, liguei para as urgências e para a polícia para pedir ajuda ... chegaram cerca de 40 minutos depois, ele estava morto ... os meus amigos condenaram-me dizendo que eu devia pedir a um sul-africano para ligar por mim" (Somkia).

Embora haja discriminação, os telemóveis podem ajudar na participação política, mas esta é limitada.

De acordo com Entzinger (2007), a participação económica, social e política são os três principais domínios em que as políticas de integração têm lugar. As conclusões gerais desta secção mostram que, ao permitir o desenvolvimento de redes, os telemóveis têm impacto na formação de capital social que, por sua vez, facilita a integração. Os telemóveis também permitem diretamente que os inquiridos participem economicamente, socialmente e, até certo ponto, politicamente.

CAPÍTULO 6. IMPLICAÇÕES

O capital social é um fator importante para alcançar a integração social (Sinha, 2005; Spencer, 2003). O capital social desempenha um papel essencial na integração dos indivíduos na comunidade em geral, criando oportunidades económicas (Adler & Kwon, 2002), facilitando a participação política (Ellison et al., 2007) e a participação social (Helliwell & Putnam, 2004). No entanto, é através da comunicação que as pessoas adquirem, retêm e gastam capital social (Bacishoga et al., 2015). Assim, ao utilizarem os seus telemóveis para comunicar, os refugiados reforçam a sua participação cultural e social, criam oportunidades económicas e estimulam a sua participação política.

Na discussão que se segue sobre as implicações, será investigado o papel do telemóvel no capital social, a relação entre capital social e integração social e diretamente na integração social. Estes processos interagem e sobrepõem-se em grande medida (Atfield, 2007). As tecnologias de informação e comunicação tornaram-se importantes para a criação de redes e podem ser um elemento importante nos processos de desenvolvimento do capital social e da integração social (Campbell & Russo, 2003; Diminescu et al., 2009; Kreutzer, 2009; Scott et al., 2004).

Os resultados da participação social para os refugiados incluem aspectos emocionais como a confiança, o sentir-se seguro contra ameaças de outras pessoas, a tolerância, o acolhimento e a simpatia, um sentimento de identidade e de pertença, o sentir-se um participante ativo na comunidade e ter amigos (Ager & Strang, 2004; Atfield et al., 2007; Nações Unidas, 2007). Os resultados sociais mais materiais incluem a habitação, a educação, os serviços de saúde, a capacidade de adquirir a língua do país, o acesso a conhecimentos culturais e a segurança e estabilidade (Ager & Strang, 2004; Atfield et al., 2007; Nações Unidas, 2007). As comunidades de refugiados, no entanto, sublinham que se sentem no direito de manter aspectos da sua própria cultura, ao mesmo tempo que compreendem a necessidade de consciencialização e reconhecimento da cultura do país de acolhimento (Ager & Strang, 2004). A questão é até que ponto o telemóvel contribui para tudo isto?

Os inquiridos referem que o contacto móvel com membros das suas redes de ligação os ajuda a ultrapassar o isolamento e a sentirem-se aceites, seguros e confiantes. No entanto, estes sentimentos não são necessariamente o resultado da integração. As redes de laços caracterizam-se por laços fortes e pela partilha de caraterísticas comuns. Isto significa que estes resultados tendem a vir mais de outros membros das suas comunidades do que da população em geral.

As redes de laços reforçam a solidariedade e a identidade do grupo (Islam et al., 2006), pelo que podem ter uma influência negativa (Daniel et al., 2003; Sabatini, 2007). Os resultados mostram que o excesso de capital social de ligação pode reforçar a homogeneidade do grupo e ter um impacto negativo na integração social (Comissão para a Integração e Coesão, 2007; Putnam, 2007). No entanto, os inquiridos têm dificuldade em romper com as redes de ligação devido a dificuldades com a língua e à falta de confiança nas pessoas de fora.

As redes de ligação, por definição, referem-se a ligações com indivíduos que não se conheciam anteriormente (Daniel et al., 2003). Assim, as relações de ligação incentivam a integração e a participação na nova sociedade dos refugiados (Ellison et al., 2007; Islam et al., 2006). Os inquiridos referem que se encontram com pessoas numa variedade de locais, tais como grupos religiosos, trabalho, escolas (Atfield et al., 2007), ou mesmo informalmente. Uma caraterística fundamental da manutenção destes laços é o contacto com as pessoas através de telemóveis. As pessoas referem que demora algum tempo, mas acabam por estabelecer relações com pessoas de diferentes origens.

As redes de ligação são mais susceptíveis de promover a integração social, uma vez que tendem a reunir indivíduos de diferentes origens sociais, proporcionando-lhes um leque mais vasto de informações e acesso a oportunidades. Os inquiridos referem que conheceram pessoas, mantiveram o contacto por telemóvel e, posteriormente, encontraram emprego. Referem também que a maior parte das suas redes de ligação são formadas por pessoas com quem vivem, trabalham ou estudam ou com quem partilham interesses como o trabalho, a educação, a fé, o desporto ou a saúde. Isto proporciona-lhes benefícios de solidariedade e identidade e algum apoio emocional ao longo do tempo (Atfield et al., 2007; Ellison et al., 2007).

Os inquiridos referem que viver num país estrangeiro sem o apoio de familiares e amigos próximos os expõe a uma luta emocional. Os telemóveis desempenham um papel vital na manutenção do contacto com a família e os amigos noutros países. Este facto cumpre um dos principais objectivos das redes mantidas, que é o apoio emocional (Ellison et al., 2007). No entanto, devido à utilização da comunicação eletrónica e, muitas vezes, à distância geográfica, o grau de apoio emocional recebido nestas redes é, por vezes, limitado. Com o tempo, este apoio perde-se em muitos casos.

Os resultados da participação económica dos refugiados incluem a igualdade de oportunidades de encontrar emprego e de trabalhar como empresários, a igualdade de acesso a benefícios e a igualdade de remuneração, bem como a conquista da autossuficiência (Atfield et al., 2007; Nações Unidas, 2007). Os resultados mais práticos são a obtenção de recursos materiais como a alimentação e a habitação, quer para "sobreviver", quer para "progredir" (Atfield et al., 2007).

Os inquiridos referem que partilham informações com as redes de ligação por telemóvel sobre necessidades como oportunidades de trabalho ou de educação, onde comprar bens e problemas de saúde. Também partilham experiências de vida e aconselham-se mutuamente. Estes são exemplos do "sobreviver" referido por Atfield et al. (2007). Contudo, as redes de laços são frequentemente constituídas por membros da mesma comunidade, ou seja, refugiados, o que pode resultar numa falta de integração. Os inquiridos referem que as redes de laços fazem com que percam oportunidades de estudar, encontrar emprego ou aprender inglês.

O efeito da utilização de telemóveis na participação económica foi forte. Os telemóveis foram consistentemente declarados pelos inquiridos como sendo importantes para gerar rendimentos e procurar emprego (Gough, 2005). Os inquiridos que trabalham por conta própria concordam que os telemóveis os ajudam a obter rendimentos, permitindo-lhes encontrar e manter clientes. Os trabalhadores por conta de outrem e os trabalhadores ocasionais afirmam que os telemóveis são importantes porque lhes permitem estar contactáveis para efeitos de emprego. No entanto, os telemóveis foram considerados de pouca utilidade para a obtenção de entrevistas e o contacto pessoal foi considerado melhor. Muitos sentiram que não era prático ir contra os locais no mercado de trabalho aberto. Assim, os telemóveis permitem aos refugiados obter rendimentos, encontrar emprego e poupar custos. No entanto, verificou-se que estes benefícios eram dificultados por barreiras como a incapacidade de obter a documentação necessária e a exclusão devido à língua ou mesmo aos sotaques (Landau, 2009).

Os resultados da participação política para os refugiados incluem a obtenção de um estatuto legal ou de cidadania, o direito a benefícios como a segurança social, a educação ou os serviços de saúde, ou simplesmente a descoberta do seu caminho no sistema jurídico ou no mercado de trabalho (Atfield et al., 2007). Outros resultados parecem estar um pouco para além da maioria dos refugiados, mas podem incluir a assunção de papéis activos e complementares em organismos governamentais e outros que podem desenvolver o apoio necessário (Atfield et al. 2007; Nações Unidas, 2007).

É um comentário preocupante sobre a situação dos refugiados na África do Sul o facto de poucos inquiridos terem algo de positivo a dizer sobre as possibilidades de participação política. A maioria referiu-se a necessidades de informação em vez de necessidades políticas. As redes de ligação reforçaram a solidariedade e a identidade do grupo, mas isso foi um obstáculo à obtenção de benefícios políticos. Foi demonstrado que as redes de ligação proporcionam aos refugiados acesso a informações úteis (Atfield et al., 2007; Ellison et al. 2007), mas os inquiridos indicaram que isto leva tempo e tem pouco efeito. Naturalmente, as redes mantidas tiveram pouco impacto.

A maioria dos inquiridos utiliza o telemóvel para fazer chamadas de voz para as autoridades. Isto permite uma ligação direta em vez de cartas ou e-mails que, segundo eles, são ignorados. Os inquiridos têm fortes sentimentos em relação ao facto de as suas preocupações não serem respeitadas. Os inquiridos têm contacto com organizações que prestam assistência a refugiados e utilizam os telemóveis para falar com estas e com indivíduos sobre questões relativas à sua comunidade de refugiados, tais como tratamento justo e melhoria de vida.

A maior parte dos inquiridos não acredita que a interação com o telemóvel possa influenciar as reacções das autoridades públicas e refere que não recebe um serviço fiável. Recebem uma resposta tardia ou nenhuma resposta quando contactam agentes governamentais, incluindo a polícia e os profissionais de saúde, ou empregadores. Acreditam que isto acontece porque os seus sotaques são estrangeiros. Muitos recorrem a cidadãos sul-africanos para telefonarem em seu nome, especialmente em situações de emergência. Embora haja discriminação, os telemóveis podem ajudar na participação política, mas o potencial desta participação é limitado.

Os benefícios que podem ser obtidos através das redes sociais mudam ao longo do tempo, à medida que os refugiados estabelecem novas relações e aprendem a progredir em vez de sobreviver (Atfield et al. 2007). A integração dos refugiados é um processo bidirecional e não linear (Atfield et al., 2007). Em primeiro lugar, não se trata de assimilação, mas sim de um processo que exige ajustamento e participação mútuos tanto da comunidade de acolhimento como dos refugiados (Atfield et al., 2007; Spencer, 2003). Em segundo lugar, trata-se de um processo não linear, na medida em que tanto a comunidade de acolhimento como os refugiados têm de se adaptar uns aos outros (Atfield et al., 2007).

É evidente que o telemóvel pode desempenhar um papel importante na integração social dos refugiados (Johnston e Bacishoga, 2013). É importante notar que a integração é um processo subjetivo (Atfield et al. 2007) e os inquiridos estão a apresentar o seu ponto de vista. Esta pode não ser a experiência geral dos refugiados na África do Sul, mas apresenta uma visão interessante e, por vezes, sóbria.

CAPÍTULO 7. CONCLUSÃO

O objetivo deste estudo foi investigar o papel dos telemóveis na melhoria da integração dos refugiados na África do Sul. Para atingir este objetivo, foram realizadas entrevistas semi-estruturadas a 29 refugiados na África do Sul, que abrangeram uma série de critérios de seleção. As populações de refugiados na África do Sul são um grupo heterogéneo que provém de diferentes países e fala diferentes línguas, com diferenças em termos de cultura, idade, sexo e estatuto familiar. Esta amostra foi selecionada de modo a ter em conta esta heterogeneidade. Como não havia nenhum instrumento disponível, foi desenvolvido e testado um.

A análise dos dados utilizou a Análise Temática e agrupou os temas de acordo com os conceitos descritos num modelo desenvolvido a partir da pesquisa bibliográfica. Este modelo continha três grupos de conceitos: capital social e integração social e utilização do telemóvel. Em termos gerais, este modelo reflecte que o capital social é um elemento importante na integração dos refugiados. As redes de ligação, de ligação e de manutenção criam oportunidades económicas e facilitam a participação política e social. O modelo também reflecte que é através da comunicação que as pessoas adquirem, retêm e gastam capital social. Ao utilizarem os seus telemóveis para comunicar, os refugiados podem reforçar a sua participação cultural e social, criar oportunidades económicas e estimular a sua participação política (Bacishoga at al., 2015).

O estudo concluiu que os telemóveis desempenham um papel importante no desenvolvimento, manutenção e utilização do capital social, no impacto do capital social na integração social e na integração social direta. Os telemóveis contribuíram para muitos dos resultados esperados da participação social. Estar em contacto móvel com os membros das suas redes de ligação ajudou os refugiados a ultrapassar o isolamento e a sentirem-se aceites, seguros e confiantes, mas este não foi um resultado da integração. Os inquiridos tiveram dificuldade em romper com as redes de ligação devido a dificuldades com a língua e à falta de confiança em pessoas de fora.

Embora os telemóveis não tenham desempenhado um papel importante no estabelecimento de novos contactos em redes de ligação, desempenharam um papel importante na continuação de relações com pessoas que se conheceram em vários locais e em diferentes circunstâncias. Este facto é importante, uma vez que as redes de ligação são mais susceptíveis de promover a integração social.

Os inquiridos referiram que viver num país estrangeiro sem o apoio de familiares e amigos próximos os expõe a uma luta emocional. Os telemóveis desempenham um papel vital na manutenção do contacto com a família e os amigos noutros países e, por sua vez, proporcionam apoio emocional. No entanto, as redes mantidas podem perder a sua força ao longo do tempo, apesar da utilização da comunicação eletrónica.

O efeito da utilização de telemóveis na participação económica foi forte. Os telemóveis foram consistentemente declarados pelos inquiridos como sendo importantes para gerar rendimentos e procurar emprego. Os inquiridos que trabalham por conta própria concordaram que o telemóvel lhes permitia encontrar e manter clientes. No entanto, estes benefícios foram prejudicados por barreiras como a incapacidade de obter a documentação necessária e a exclusão devido à língua ou mesmo aos sotaques (Landau, 2009).

Poucos inquiridos têm algo de positivo a dizer sobre as possibilidades de participação política. A maioria dos inquiridos utiliza os telemóveis para fazer chamadas de voz para as autoridades, pois acreditam que só o contacto vocal é suscetível de receber qualquer resposta. No entanto, há ceticismo quanto à possibilidade de receber apoio ou compreensão das autoridades públicas para as suas preocupações. Os jovens mostraram-se insatisfeitos com as respostas dos agentes governamentais e dos empregadores. É preocupante pensar que acreditam que qualquer indicação de que são estrangeiros, tal como o seu sotaque, pode resultar num mau serviço.

Embora pouco seja feito para orientar os refugiados para organizações que respondam às suas necessidades, os inquiridos referem que utilizam os telemóveis para falar com essas organizações e indivíduos sobre questões relativas à sua comunidade de refugiados, tais como tratamento justo e melhoria de vida. É evidente que existe discriminação, mas os telemóveis podem ajudar na participação política, mas o potencial é limitado.

Os benefícios que podem ser retirados das redes sociais mudam ao longo do tempo, à medida que os refugiados estabelecem novas relações e aprendem a progredir em vez de sobreviver (Atfield et al. 2007). A integração dos refugiados é um processo que requer ajustamento e participação mútuos. No entanto, é evidente que o telemóvel pode desempenhar um papel importante na integração social (Johnston & Bacishoga, 2013).

A integração é um processo subjetivo e os inquiridos apresentaram o seu ponto de vista. Esta pode não ser a experiência geral dos refugiados na África do Sul. Por conseguinte, as conclusões deste estudo dão margem para mais investigação, talvez com amostras maiores ou ao longo do tempo. Além disso, poderia ser efectuada uma investigação utilizando um método quantitativo e, em seguida, as respostas poderiam ser comparadas para validar as conclusões deste estudo. Apesar das desvantagens do método qualitativo, este estudo foi capaz de lançar luz sobre o papel desempenhado pelos telemóveis na melhoria da integração dos refugiados na comunidade.

BIBLIOGRAFIA

ABS (Australian Bureau of Statistics). (2004). Measuring Social Capital. An Australian Framework and Indicators. Australian Bureau of Statistics. Information Paper [documento em linha] Disponível em http://www.abs.gov.au/websitedbs/c311215

Adepoju, A. (2003). Continuity and Changing Configurations of Migration to and from the Republic of South Africa, *International Migration,* 41(1), 3-28.

Adepoju, A. (2005). Leading Issues in International Migration in Sub-Saharan Africa, Versão Alargada de um Documento Apresentado no Workshop da Aliança Africana para a Migração, Pretória.

Adler, P., & Kwon, S. (2002). Social capital: Prospects for a New Concept. *Academy of Management Review,* 27(1), 17-40.

Ager, A. & Strang, A. (2004). *The Experience of Integration: A Qualitative Study of Refugee Integration in the Local Communities of Pollokshaws and Islington.* Londres: Home Office RDS Online Report, http://rds.homeoffice.gov.uk/rds/pdfs04/rdsolr5504.pdf.

Aguilera, M. (2002). The Impact of Social Capital on Labor Force Participation: Evidence from the 2000 Social Capital Benchmark Survey. *Social Science Quarterly,* 83(3), 854874.

Alexander, B. (2004). Going Nomadic: Mobile Learning in Higher Education. *Educause Review,* 39(5), 28-35.

Aoki, K., & Downes, E. J. (2003). An Analysis of Young People's Use of and Attitudes toward Cell Phones (Análise da utilização e das atitudes dos jovens em relação aos telemóveis). *Telematics and Informatics,* 20(4), 349-364.

Atfield, G., Brahmbhatt, K., & O'Toole, T. (2007). Refugees' Experiences of Integration, Refugee Counciland University of Birmingham, setembro, http://www.refugeecouncil.org.uk/Resources/Refugee%20Council/downloads/researchr eports/Integrationresearchreport.pdf.

Bacishoga, K. B., Hooper, V. A., & Johnston, K. A. (2015). O papel dos telemóveis no desenvolvimento do capital social. *Revista eletrónica de sistemas de informação nos países em desenvolvimento, 72.*

Banjo, O., Hu, Y., & Sundar, S. S. (2008). Cell Phone Usage and Social Interaction with Proximate Others: Ringing in a Theoretical Model. *The Open Communication Journal,* 2, 127-135.

Banyard, V., & Miller, K. (1998). The Powerful Potential of Qualitative Research for Community Psychology (O Poderoso Potencial da Investigação Qualitativa para a Psicologia Comunitária). *American Journal of Community Psychology,* 26(4), 485-505.

Belvedere, F. (2003). *National Refugee Baseline Survey: Relatório Final.* Joanesburgo: Community Agency for Social Enquiry (CASE), Japan International Cooperation e Alto Comissariado das Nações Unidas para os Refugiados.

Bhavnani, A., Chiu, R.W.W., Janakiram, S., & Silarszky, P. (2008). *The Role of Mobile Phones in Sustainable Rural Poverty Reduction (O papel dos telemóveis na redução sustentável da pobreza rural).* http://www.i- gov.org/images/articles/7576/ The_Role_of_Mobile_Phones_in_Sustainable_Rural_Poverty_Reduction_June_2008.p df Recuperado em 30 de novembro de 2009

Braun, V., & Clarke, V. (2006). Utilização da análise temática em psicologia. *Investigação Qualitativa em Psicologia, 3,77*-101.

Brissett, I., Cohen, S., & Seeman, T. E. (2000). Measuring Social Integration and Social Networks (Medindo a integração social e as redes sociais). In S. Cohen, L. G. Underwood, & B. H. Gottlieb (Eds.), *Social support measurement and intervention* (p. 53). New York: Oxford University Press.

Brown, B., Green, N., & Harper, R. (2002). *Wireless World: Social and Interactional Aspects of the Mobile Age, Londres: Springer-Verlag.* Londres: Springer-Verlag.

Bourdieu, P., & Wacquant, L. (1992). *An Invitation to Reflexive Sociology [Um Convite à Sociologia Reflexiva]*. Chicago: University of Chicago Press.

Burns, G.W. (2000). When Watching a Sunset can Help a Relationship Dawn Anew: Nature Guided Therapy for Couples and Families. *Australian and New Zealand Journal of Family Therapy,* **21:** 184-190.

Business Day, (2009). África do Sul: Mercado de celulares saturado - MTN. Disponível online: http://allafrica.com/stories/200911160110.html

Cachia, R., Kluzer, S., Cabrera, M., Centeno, C., & Punie, Y. (2007). *ICT, Social Capital and Cultural Diversity (TIC, capital social e diversidade cultural).* Istambul (Turquia): Relatórios científicos e técnicos do CCI.

Campbell, M. (2005). The Impact of the Mobile Phone on Young People's Social Life, documento apresentado na Conferência Social Change in the 21st Century, Queensland University of Technology, 28 de outubro.

Campbell, E. H. (2006). Refugiados urbanos em Nairobi: Problems of Protection, Mechanisms of Survival, and Possibilities for Integration. *Jornal de Estudos sobre Refugiados* 19(3)

Campbell, S., & Russo, T. (2003). The Social Construction of Mobile Telephony: An Application of the Social Influence Model to Perceptions and Uses of Mobile Phones Within Personal Communication Networks, *Communication Monographs* 70(4), 31734.

Campbell, S., & Kwak, N., (2009). Political Involvement in "Mobilized" Society: The Interactive Relationships among Mobile Communication, Social Network Character. "Mobile 2.0: Para além da voz?" Workshop pré-conferência na Conferência da Associação Internacional de Comunicação (ICA) Chicago, Illinois, 20 - 21 de maio de 2009

Castells, M., Linchuan Qiu, J., Fernandez-Ardevol, M., & Sey A. (2007). *Mobile communication and society: A global perspective (information revolution and global politics).* Cambridge, MA: MIT Press.

Cejas, M. (2007). A Discriminação Racial na África do Sul Pós-Apartheid: A New Irreducible "Other". *Safundi: The Journal of South African and American Comparative Studies.* 8(4), 473-487

Notícias celulares. (2009). *Um terço dos proprietários de telemóveis na África do Sul utiliza mais do que um cartão SIM .* Londres: Telecoms online publisher. InfoOcellular-news.com

Chigona, A., & Chigona, W. (2008). MXit up it up in the Media: Análise do discurso dos media num sistema móvel de mensagens instantâneas, *Southern Africa Journal of Information and Communication, 9,* 42-57.

Chigona, W., & Mbhele, F. (2008). The Role of the Internet in Alleviating Social Exclusion (O Papel da Internet no Alívio da Exclusão Social): Case of Western Province. *South African Computer Journal.* 41, 75-85

Chigona, W., Kankwenda, G., & Manjoo, S. (2008). Usos e gratificações da Internet móvel entre os estudantes sul-africanos. *South African Journal of Information Management, 10, 3.*

Chigona, W., Vally, J., Beukes, D., & Tanner, M. (2009). Can Mobile Internet Help Alleviate Social Exclusion in Developing Countries? . *EJISDC (2009)* 36(7), 1-16.

Cohen, S., Brissette, J., Skoner, D.P., Doyle, W.J. (2000). Social Integration and Health: The Case of the Common Cold. *Journal of Social Structure (EJournal), 1*-9 de setembro

Coleman, J. (1988). Social Capital in the Creation of Human Capital . *The American Journal of Sociology, 94,*95-120.

Coleman, J. (1990). Foundations of Social Theory, Harvard University Press, Cambridge, MA,

Comissão para a Integração e Coesão. (2007). *O nosso futuro partilhado* http://image.guardian.co.uk/sys-files/Education/documents/2007/06/14/ousharedfuture.pdf

CoRMSA. (2008). *Proteção de Refugiados, Requerentes de Asilo e Imigrantes na África do Sul.*

Crush, J. (2000). The Dark Side of Democracy: Migration, Xenophobia and Human Rights in South

Africa, *International Migration,* 38(6).

Crush, J. (2008). *The Perfect Storm: Realities of Xenophobia in Contemporary South Africa,* Projeto de Migração da África Austral. Cidade do Cabo: Idasa.

Cruz-Saco, M. A. (2008). Promoção da integração social: Economic, Social and Political Dimensions with a Focus on Latin America. Helsínquia, Finlândia, Documento preparado para as Nações Unidas, Departamento de Assuntos Económicos e Sociais, http://www.un.org/esa/socdev/social/meetings/egm6_social_integration/documents/Pro moting_Social_Integration.pdf.

Daniel, B., Schwier, R., & McCalla, G. (2003). Capital social em comunidades virtuais de aprendizagem e comunidades de prática distribuídas. *Canadian Journal of Learning and Technnology,* 29(3), 113-139.

Davis, F.D. (1989). Perceived Usefulness, Perceived Ease of Use and User Acceptance of Information Technology, *MIS Quarterly,* 13, 319-340.

De Silva, H., & Ratnadiwakara, D. (2009). Social Influence in Mobile Phone Adoption: Evidence from the Bottom of Pyramid in Emerging Asia. Trabalho apresentado no Mobile 2.0: Beyond Voice. Workshop pré-conferência na conferência da International Communication Association (ICA). Chicago, Illinois. 20-21 de maio de 2009.

Diminescu, D., Renault, M., & Gangloff, S. (2009). *ICTfor Integration, Social Inclusion and Economic Participation of Immigrants and Ethnic Minorities: Case Studies from France,* Centro Comum de Investigação, Instituto de Estudos de Prospetiva Tecnológica, Comissão Europeia.

Donner, J. (2008). Research Approaches to Mobile Use in the Developing World: A Review of the Literature. *The Information Society,* 24(3), 140 - 159.

Dube, P. (2000). Media Berated for Stocking Xenophobia. *The Sunday Independent,* 27 de fevereiro: 3.

Dutta, S., & Mia, I. (2008). The Global Information Technology Report 2006-2007: *Connecting to the Networked Economy.* Basingstoke, Reino Unido: Palgrave Macmillan.

Ellison, N., Steinfield, C., & Lampe, C. (2007). The Benefits of Facebook "Friends:" Social Capital and College Students' Use of Online Social Network Sites. *Journal of Computer-Mediated Communication,* 1143-1168.

Entzinger, H. (2007). *The Social Integration of Immigrants in the European Union [A Integração Social dos Imigrantes na União Europeia].* Tóquio: JILPT International Symposium 'Migration Policy and Society in Europe' Social Integration for Migrant Workers.

Ester, P. (2006). Bonding, Bridging, and Believing Social Capital of Dutch-American Reformed Communities , Quinta Conferência Trienal da Sociedade Internacional para o Estudo das Comunidades Reformadas (ISSRC), Princeton, Nova Jersey, EUA.

Fereday, J., & Eimear, M. (2006). "Demonstrando Rigor Usando Análise Temática: A Hybrid Approach of Inductive and Deductive Coding and Theme Development" (Uma abordagem híbrida de codificação indutiva e dedutiva e desenvolvimento de temas). *In Revista Internacional de Métodos Qualitativos 5,* número 1.

Fielden, A. (2008). *Local integration: an under-reported solution to protracted refugee situations.* Relatório de avaliação do ACNUR.

Frattini, F. (2006). "Acordo de financiamento para prosseguir o desenvolvimento de uma política europeia global em matéria de migração". http://europa.eu/rapid/pressReleasesAction.do?reference=IP/06/1813

http://europa.eu/rapid/pressReleasesAction.do.

Genzuk, M. (2003). A Synthesis of Ethnographic Research, Occasional Papers Series. *Centro de Investigação Multilingue e Multicultural (Eds). Califórnia.*

Goodman, J. (2003). Linking Mobile Phone Ownership and Use to Social Capital in Rural South Africa and Tanzania. *The Vodafone Policy Paper Series,* (3), 53-65.

Gough, N. (2003). Introduction to the Impact of Mobile Phones: Moving the Debate Forward. *The Vodafone Policy Paper Series,* (3), 1-2.

Diário do Governo, (2008). Lei 70 de 2002 sobre a regulamentação da interceção de comunicações e a prestação de informações relacionadas com as comunicações. República da África do Sul Vol. 451 Cidade do Cabo 22 de janeiro de 2003. No. 24286. Última modificação: 19 de agosto de 2008. Disponível em linha: http://www.info.gov.za/acts/2002/a70-02/

Grandes, M., Peter, M., & Pinnaud, N. (2003). *"The Currency Premium and LocalCurrency-Denominated Debt Costs in South Africa" (Cidade do Cabo: Development Policy Research Unit, University of Cape Town).*

Handmaker, J. (2001). No Easy Walk: Advancing Refugee Protection in South Africa, Africa Today, (no prelo). Human Rights Watch.

Hamilton, J. (2003). Are main lines and mobile phones substitutes or complements? Evidence from Africa. *Telecommunications Policy* 27, 109-133.

Halpern, D. (2001). Moral Values, Social Trust and Inequality: Can Values Explain Crime? *British Journal of Criminology.*

Heeks, R., & Jagun, A. (2007). *Mobile phones and development: The future in new hands?* Obtido em 6 de janeiro de 2008 em http://www.id21.org/insights/insights69/art00.html

Hendricks, D. (2005). An Investigation Into The Consensus Surrounding Information Systems Project Success. Tese de Mestrado em Ciências Empresariais em Sistemas de Informação. *Universidade da Cidade do Cabo, Departamento de Sistemas de Informação (não publicado).*

Henn, M., Weinstein, M., & Hodgkinson, S. (2007). Social Capital and Political Participation: Understanding the Dynamics of Young People's Political Disengagement in Contemporary Britain. *Social Policy & Society 6(4)* , 467-479.

Helliwell, J., & Putnam, R. (2004). The Social Context of Well-being (O contexto social do bem-estar). *Philosophical Transactions of the Royal Society, 359* (1449), 1435-1446.

Hermanns, H. (2008). Democracia móvel: Mobile phones as democratic tools. *Politics, 28(2),* 74-82.

Hodge, J. (2005). Tariff Structures and Access Substitution of Mobile Cellular for Fixed Line in South Africa (Estruturas tarifárias e substituição de acesso de telemóvel por linha fixa na África do Sul). *Telecommunications Policy,* 29(7), 493-505.

Hoepfl, M. (1997). A escolha da investigação qualitativa: A primer for technology education researchers. *Journal of Technology Education,* 9(1), 47-63.

Howcroft, D., & Trauth, E. (2004). The Choice of Critical Information Systems Research. Em Kaplan, B., Truex, D., Wood-Harper, T., & DeGross, J. (Eds.). *Information Systems Research - Relevant Theory and Informed Practice,* 195-211.

Humphreys, L. (2007). Mobile social networks and social practice: A case study of Dodgeball. Journal of Computer-Mediated Communication, 13(1):341-360, outubro de 2007.

OIM. (2009). *Towards Tolerance, Law, and Dignity: Addressing Violance against Foreign Nationals in South Africa.* Organização Internacional para as Migrações. http://www.irinnews.org/pdf/IOM_report.pdf

Islam, M. K., Merlo, J., Kawachi, I., Lindstrom, M., & Gerdtham, U. (2006). Social Capital and Health: Does Egalitarism Matter? A Literature Review. *International Journal for Equity in Health,* 5(3), 1-28.

James, J., & Versteeg, M. (2007). Mobile phones in Africa: how much do we really know? *Social Indicators Research, 84(1),* 117-126.

Jensen, R. (2007). The Digital Provide: Information (Technology), Market Performance, and Welfare in the South Indian Fisheries Setor. 879-924: *Quarterly Journal of Economics,* 122, 3.

Johnston, K. A., & Bacishoga, K. B. (2013). Impacto dos telemóveis na integração: Caso dos Refugiados na África do Sul. *The Journal of Community Informatics, 9*(4).

Johnston, K., Tanner, M., Lalla, N., & Kawalsky, D. (2010). Capital social: The Benefits of Facebook "Friends". *Submetido ao Behaviour and Information Technology Journal em 2010.*

Junger, C. (2001). Minorias étnicas, integração social e criminalidade. *European Journal of Criminal Policy Res,* 9, 5-29.

Kaasinen, E. (2005). User Acceptance of Mobile Services - Value, Ease of Use, Trust and Ease of Adoption. VTT Information Technology, Helsínquia.

Kaladjahi, H. (1997). Iranians in Sweden: Economic, Cultural and Social Integration, Estocolmo: Almqvist & Wiksell International.

Karen, J. (2002). Podem os Refugiados Beneficiar o Estado? Refugee Resource and African Statebuilding. *Jornal de Estudos Africanos Modernos,* 40, 577-596.

Katz, R., Riddleberger, E., Sarma, B. & Yang, D. (2002). Prepaid Wireless: the Next Frontier in the U.S. Wireless Industry. Booz, Allen, Hamilton Publications.

Kennan, W., Hazleton, V., Janoske, M., & Short, M. (2008). The Influence of New Communication Technologies on Undergraduate Preferences for Social Capital Formation, Maintenance, and Expenduture. *Revista de Relações Públicas,* 2(2).

Knopf, J. (2006). "Doing a Literature Review". *PS: Political Science and Politics,* 39(1), 127-132.

Korac, M. (2003). A falta de política de integração e as experiências de instalação: Acase study of Refugees in Rome. *Journal of Refugee Studies,* 16(4), 398-421.

Klein, H., & Myers, M. (1999). A Set of Principles for Conducting and Evaluating Interpretive Field Studies in Information Systems (Um conjunto de princípios para a realização e avaliação de estudos de campo interpretativos em sistemas de informação). *MIS Quarterly,* 23(1), 67-94.

Krahn, G. & Putnam, M. (2005). Qualitative methods in psychology research. Em M. Roberts & S. Ilardi (Eds), *Handbook of research methods in clinical psychology,* Blackwell publishing.

Kreutzer, T. (2009). "Generation Mobile: Online and Digital Media Usage on Mobile Phones among Low-Income Urban Youth in South Africa". Obtido em 30 de março de 2009, de http://tinokreutzer.org/mobile/MobileOnlineMedia-SurveyResults-2008.pdf

Lancee, B. (2008). *The Economic Returns of Immigrants' Bonding and Bridging Social Capital. A Case Study in the Netherlands.* Boston: Documento a apresentar na 103ª Reunião Anual da American Sociological Association.

Landau, L. (2006). Proteção e Dignidade em Joanesburgo: Shortcomings of South Africa's Urban Refugee Policy. *Journal of Refugee Studies,* 19(30).

Landau, L. (2008), *Decentralisation, migration and development in South Africa's primary cities,* ed. A. Wa Kabwe-Segatti (Paris). A. Wa Kabwe-Segatti (Paris: Agência Francesa de Desenvolvimento (AFD).

Landau, L., & Bourgouin, F. (2007). South African Trans-National Activities and Changing Forms of Belonging: New Perspectives on African Migration. *DIIS.*

Landau, L., & Kabwe-Segatti, A. (2009). Human Development Impacts of Migration: South Africa Case Study. In: Gabinete do Relatório do Desenvolvimento Humano (HDRO), Programa das Nações Unidas para o Desenvolvimento (PNUD) / Human Development Research Papers (HDRP). RePEc: hdr: papers: hdrp-2009-05.

Leonard, M., (2004). Bonding and Bridging Social Capital: Reflections from Belfast, *Sociology,* 2004, 38, 927-944.

Ling, R. (2008). *New Tech, New Ties: How Mobile Communication is Reshaping Social Cohesion [Nova Tecnologia, Novos Laços: Como a Comunicação Móvel está a Remodelar a Coesão Social].* Cambridge, MA: MIT Press

Levin, K. (2006). Conceção do estudo III: Estudos transversais. *Medicina Dentária Baseada em Evidências,* 47-63.

Mathew, J., Sarker, S., & Varshney, U. (2004). M-commerce services: Promessas e desafios. Communications of the AIS.

Matsinhe, D. (2009). Limpar a Nação: Anti-African Patriotism and Xenophobia in South Africa" (Patriotismo anti-africano e xenofobia na África do Sul). Universidade de Alberta.

Myers, M. (1997). Investigação qualitativa em sistemas de informação. *MIS Quarterly Discovery,* 21(2), 241-242.

Myers, M. (1999). Investigando sistemas de informação com pesquisa etnográfica. *Comunicações da Associação de Sistemas de Informação.* 2(23).

Myers, M. (2009). *Qualitative research in Business and Management.* Londres: SAGE.

Myers, M., & Avison, D. (2002). Entrevista Qualitativa na Investigação em SI: Examining the Craft. *Information and Organization.* 17(1), 2-26.

Naude, W. (2008). Conflict, Disasters, and No Jobs, *UNU-Wider Research Paper* No. 2008/85.

Nieminen T, Martelin T, Koskinen S, Simpura J, Alanen E, Harkanen T, Aromaa A (2008). Measurement and socio-demographic variation of social capital in a large populationbased survey (Medição e variação sociodemográfica do capital social num grande inquérito de base populacional). Soc Indic Res 85:405-423

Nocker, M. (2006). O Objeto Contestado: On Projects as an Emergent Space. Em D. Hodgson & S. Cicmil (pp. 155-170). *Management, work & organisations: Making projects critical, Nova Iorque: Palgrave Macmillan*

Nyamnjoh, F. (2006) *Insiders and Outsiders: Citizenship and Xenophobia in Contemporary Southern Africa,* CODESRIA e Zed Books: Dakar, Londres e Nova Iorque.

Okpala, A., & Jonsson, P. (2002). Social attributes and economic instability in Africa (Atributos sociais e instabilidade económica em África). *The Journal of Applied Business Research, Vol. 18 No.2,* pp.87-93.

Orlikowski, W., & Baroudi, J. (1991). Estudar a Tecnologia da Informação nas Organizações: Research Approaches and Assumptions. *Information Systems Research 2, 1,* 1-28.

Oswald, D., & Clark, E. (2003). Best Friends Forever?: High School Best Friendships and the Transition to College. *Personal Relationships* , 187-196.

Palmary, I. (2002). *Refugees, Safety, and Xenophobia in South African Cities: The Role of Local Government.* Joanesburgo: Centro para o Estudo da Violência e Reconciliação.

Patton, M. (1990). *Qualitative evaluation and research methods (Avaliação qualitativa e métodos de investigação). Publicações SAGE.* Newbury Park Londres Nova Deli.

Parsons, Arthur S. (1978). Interpretive Sociology: The Theoretical Significance of Verstehen in the Constitution of Social Reality. *Human Studies,* 1, 111-137.

Pfeil, U., Arjan, R., & Zaphiris, P. (2009). Age differences in online social networking - A study of user profiles and the social capital divide among teenagers and older users in MySpace. *Computers in Human Behavior,* 25, 643-654.

Phulari, S., Khamitkar, S., Deshmukh, N., Bhalchandra, P., Lokhande, S., & Shinde, A. (2010). Understanding Formulation of Social Capital in Online Social Network Sites (SNS) *International Journal of Computer Science Issues,* 7(1-3).

Pope, C., & Mays, N. (1995). Qualitative research: reaching the parts other methods cannot reach: an introduction to qualitative methods in health and health services research. *BMJ* , 42-45.

Puro, J. (2002). Finlândia: uma cultura móvel. In: Katz, J. E. & Aakhus, M. A. (eds.): *Perpetual Contact. Mobile Communication, Private Talk, Public Performance.* Cambridge University Press Cambridge, 19-29.

Putnam, R. (2000). Bowling Alone. *Simon & Schuster.* Nova Iorque.

Putnam, R. (2007). *E Pluribus Unum:* Diversity and Community in the Twenty-first Century" in *Scandinavian Political Studies,* 30(2), 137-174.

Research ICT Africa (RIA) (2009), 'RIA e-Access & Usage Household Survey (database)', pacote estatístico SPSS disponibilizado ao autor. Relatórios disponíveis em http://www.ResearchICTAfrica.net. Acedido em 10 de maio de 2010.

Rizk, R., Marx, D., Schrepfer, M., Zimmermann, J., Günther, O. (2009). Media Coverage of Online Social Network Privacy Issues in Germany - A Thematic Analysis [Cobertura mediática das questões de privacidade das redes sociais em linha na Alemanha - uma análise temática]. *15.ª Conferência das Américas sobre Sistemas de Informação*, São Francisco

Sabatini, F. (2005). *"Capital social como redes sociais. A New Framework for Measurement".* Universidade de Roma La Sapienza, Departamento de Economia Pública: Documento de trabalho n.º 83.

Sabatini F. (2007). The empirics of social capital and economic development: a critical perspective, in Osborne M., Sankey K. and Wilson B. (Eds) Social Capital, Lifelong Learning Regions and the Management of Place: An International Perspective, pp. 7194. Routledge, Londres.

Samuel, J., Shah, N., & Hadingham, W. (2005). Mobile Communications in South Africa, Tanzania and Egypt: Results from Community and Business Surveys. *Apresentado em Vodafone Policy. Paper Series, Número 2, março de 2005,* p44-52.

Sandelowski, M. (1995). Sample size in qualitative research . *Investigação em Enfermagem e Saúde, 18,* 179-183.

Schmidt, A., Holleis, P., Hakkila, J., Rukzio, E., & Atterer, R. (2006). Mobile phones as toll to increase communication and location awareness of users. *Actas da 3ª conferência internacional sobre tecnologia, aplicações e sistemas móveis, 25-27 de outubro*. Bangkok, Tailândia.

Scott, N., Batchelor, S., Ridley, J., & Jorgensen, B. (2004). The Impact of Mobile Phones in Africa (O impacto dos telemóveis em África). *Comissão para África (projeto final)*.

Scottish Executive. (2006). Scottish Refugee Integration Fund 2007/08. Edimburgo: Scottish Executive. Disponível em: http://www.scotland.gov.uk/Topics/People/Equality/Refugees- asylum/ refugeefund.

Shackleton, S. (2007). Rapid Assessment of Cell Phones for Development (Avaliação rápida de telemóveis para o desenvolvimento). Women's net http://womensnet.org.za

Silverstone, R., & Haddon, L. (1996), "Design and the Domestication of Information and Communication Technologies: Technical Change and Everyday Life"; *Communication by Design: The Politics of Information and Communication Technologies*, R. Mansell & R Silverstone (eds.), Oxford University, Oxford, 44-74.

Sinha, C. (2005). Effect of Mobile Telephony on Empowering Rural Communities in Developing Countries [Efeito da telefonia móvel na capacitação das comunidades rurais nos países em desenvolvimento]. *Documento da Conferência IRFD*, (3-14).

Spencer, S. (2003). The Politics of Migration: Managing Opportunity, Conflict and Change, EUA, Massachusetts: Blackwell Publishing.

Stanley, D. (2005). The Three Faces of Culture: Why Culture is a Strategic Good Requiring Government Policy Attention in *Accounting for Culture: Thinking Through Cultural Citizenship.* Eds. C. Andrew, M. Gattinger, M.S. Jeannotte e W. Straw. Ottawa: University of Ottawa Press, 21-31.

Statistics South Africa (2008). 'Community Survey, 2007 - Basic Results: Municipalities', Obtido em 17 de janeiro de 2009, de http://www.statssa.gov.za/Publications/P03011/P030112007.pdf.

Steinbach, U. (1992). Social Networks, Institutionalization and Mortality among Elderly people in the United States. *Journal of Gerontology,* 47(4), S183-S190 STATSSA. (2007). *Statistics South Africa: Mid-year population estimates 2007',* Retirado em 16 de maio de 2008. De http://www.statssa.gov.za/PublicationsHTML/P03022007/html/P03022007.html

Tewksbury, R. (2009). Qualitative versus Quantitative Methods: Understanding Why Qualitative

Methods are Superior for Criminology and Criminal Justice. *Journal of Theoretical and Philosophical Criminology, 1*(1), 38-58.

Tuckett, A. (2005). A verdade nos cuidados a idosos: Um estudo qualitativo. In: S. Quine, Perspectives on Residential Aged Care. *38ª Conferência Nacional da Associação Australiana de Gerontologia, Gold Coast, (A18-A18), (9-11).*

Alto Comissariado das Nações Unidas para os Refugiados. (2009). *Documento concetual: High Commissioner's Dialogue on Protection Challenges, Challenges for persons of concern to UNHCR in urban settings.* Genebra, 9-10 de dezembro de 2009.

Nações Unidas. (2005). "Construir relações sociais pacíficas por, para e com as pessoas". http://www.un.org/esa/socdev/sib/peacedialogue/background.htm

Nações Unidas. (2007). *Diálogo participativo: Rumo a uma sociedade estável, segura e justa para todos.* http://www.un.org/esa/socdev/publications/prtcptry_dlg%28full_version%29.pdf

Nações Unidas. (2008). *Conselho Económico e Social: Seguimento da Cimeira Mundial para o Desenvolvimento Social e da vigésima quarta sessão especial da Assembleia Geral: tema prioritário: integração social.* Nova Iorque: Nações Unidas.

Nações Unidas. (2009). E-Dialogue "Creating an Inclusive society: Estratégias práticas para promover a integração social", http://www.un.org/esa/socdev/egms/docs/2009/Ghana/inclusive-society.pdf

ACNUR. (2007). *Apelo Global 2008-2009 - África do Sul. Relatórios de angariação de fundos.* ACNUR 1 de dezembro de 2007.

Van Biljon, J., & Kotze, P. (2008). Cultural Factors in a Mobile Phone Adoption and Usage Model (Factores culturais num modelo de adoção e utilização de telemóveis). *Journal of Universal Computer Science, 14*(16), 2650-2679

Walsham, G. (2006). Fazer investigação interpretativa. *Revista Europeia de Sistemas de Informação, 15,* 320-330.

Walsham, G. (2005). Learning about being Critical. *Information Systems Journal, 15(2),* 111117.

Ware, N., Hopper, K., Tugenberg, T., Dickey, B., & Fisher, D. (2008). Uma teoria da integração social como qualidade de vida. *Psychiatric Services, 59*(1), 27-33.

Federação das redes sem fios. (2010). South Africa's Mobile Market Profile. Disponível online: http://wirelessfederation.com/news/12091-south-africas-mobile-market-forecast-2008- 2010

Waverman, L., Meschi, M., & Fuss, M. (2005). *'África: The Impact of Mobile Phones'.* The Vodafone Policy Paper Series, Número 3. Obtido em 12 de maio de 2008, de http://www.vodafone.com/etc/medialib/attachments/cr_downloads.Par.78351.File.dat/_GPP_SIM_paper 3.pdf

Zetter, R., Griffiths, D., Sigona, N. e Hauser, M. (2002). *Survey on Policy and Practice Related to Refugee Integration* (Oxford: European Refugee Fund Community Actions 2001/2002; School of Planning, Oxford Brookes University)

Zheng, Y., & Walsham, G. (2008). Inequality of what? A exclusão social na sociedade eletrónica como privação de capacidades. 223, 225.

Zinnbauer, D. (2007). *What can Social Capital and ICT do for Inclusion?* Luxemburgo: CCI da Comissão Europeia.

Apêndice A: Números cumulativos aproximados de requerentes de asilo e refugiados legalmente reconhecidos por ano, 2001-2005

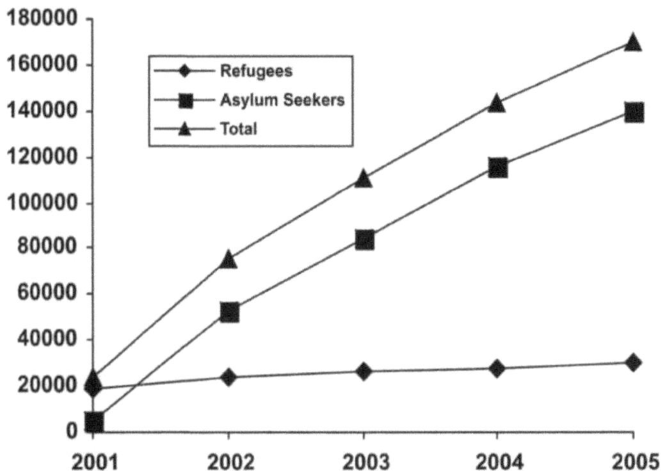

Fonte: Departamento de Assuntos Internos da África do Sul (Landau, 2006. p. 313)

Apêndice B: Pedidos de asilo cumulativos dos principais países africanos até dezembro de 2005

País de origem	Refugiados reconhecidos	Pedidos de asilo pendentes
Angola	5,764	6,315
Burundi	2,183	3,754
Congo Brazzaville	1,160	3,865
República Democrática do Congo	10,609	19,098
Ruanda	1,276	725
Somália	7,548	11,548
Sudão	173	121
Tanzânia	135	4,981
Zimbabué	114	15,978
Etiópia	78	8,356
Uganda	55	3,106
Total	29,714(a)	140,095(b)

Fonte: Departamento de Assuntos Internos da África do Sul (Landau, 2006. p. 313)

(a) Este total inclui todos os outros países com números inferiores a 50 pessoas

(b) Este total inclui os requerentes de asilo dos seguintes países que o DHA não considera como principais países produtores de refugiados. O número de casos pendentes está indicado entre parêntesis: Nigéria (9.700); Paquistão (9.800); Quénia (10.300), Bangladesh (6.200), Índia (6.200), Malawi (3.000).

Apêndice C: Questionário de entrevista

1. O que, como e porque utiliza o seu telemóvel?

2. Como utiliza o seu telemóvel para comunicar com a sua família, parentes, amigos e vizinhos (pessoas que conhece bem)?

3. Como utiliza o seu telemóvel para comunicar com empresas, governos e pessoas que não conhece?

4. Como utiliza o seu telemóvel para comunicar com os seus parentes, familiares e amigos que estão longe (país de origem) e com outras pessoas que conheceu há muito tempo?

5. O seu telemóvel ajuda-o a participar em actividades de grupo ou de voluntariado? Como?

6. Utiliza o seu telemóvel por razões económicas? Estas razões podem incluir a redução de despesas, a geração de rendimentos (por exemplo, tornar-se empresário), a acumulação de fundos e a gestão do seu dinheiro (por exemplo, serviços bancários móveis via Internet), o aumento do seu poder de negociação económica, a procura de emprego, etc.

7. O seu telemóvel ajuda-o a informar-se ou a participar em questões locais/nacionais?

8. Como acha que a utilização do telemóvel aumenta a confiança entre si e as pessoas com quem comunica?

9. Considera que o seu telemóvel pode ajudá-lo a receber um serviço fiável e igual por parte dos serviços e instituições públicas?

I want morebooks!

Buy your books fast and straightforward online - at one of world's fastest growing online book stores! Environmentally sound due to Print-on-Demand technologies.

Buy your books online at
www.morebooks.shop

Compre os seus livros mais rápido e diretamente na internet, em uma das livrarias on-line com o maior crescimento no mundo! Produção que protege o meio ambiente através das tecnologias de impressão sob demanda.

Compre os seus livros on-line em
www.morebooks.shop

Printed by Books on Demand GmbH, Norderstedt / Germany